U0001162

巨變$中的台灣經濟 II

新聞評論獎得主 于國欽 著

近十年人類的貪婪假借市場之名掀起網路泡沫、金融海嘯、財政危機，

台灣對外面臨一波波的衝擊；

而國內的失業、貧富差距擴大、少子化、高齡化等問題又接踵而至。

面對前所未見的巨變，經濟指標虛虛實實，讓人難以看清問題本質。

本書以歷史、學理及統計數據，為讀者深入剖析，期能打破人云亦云的迷思。

尹啟銘

　　認識國欽兄很久了，很怕他問我問題，因為，他的問題都讓我無處可躲；但是，又喜歡他問我問題，因為，他的問題都讓我省思。

　　要談國欽兄對經濟評論的功力，那是絕對沒話好說，他拿過吳舜文新聞獎的新聞評論獎，他也連續得過第10屆、第11屆卓越新聞獎的新聞評論獎。得獎，對他的功力、對他的辛勤努力都是一種肯定，外人難以再在詞藻上給予錦上添花、增添他在經濟評論領域的光芒。

　　他是一位勤學不倦的人，多年前我就發現他在勤讀古書古文；有時，我引用某位詩人、詞家的文句，他都能很快的接上口，點出它的出處、背景。他治學嚴謹，很能打破砂鍋問到底，窮追猛打，不容你敷衍了事。有次，我談到為何希望台商回台投資之時，我說：過去多年台商將生產能量移往海外，只留研發創新在國內，是造成總要素生產力成長下滑、製造業附加價值率走下坡的主要原因。他馬上就回問我，中間的關聯性在哪裡？差點讓我倒地不起。

　　正因為他是一位勤學不倦、治學嚴謹的人，因此他的下筆論理不容空隙，對經濟現象、對於時政，他都能鞭辟入裡、絲絲入扣、見解深刻。尤其難能可貴的是，對於時政他是摒除情面，只講是非、只論對錯，因此成就他對經濟評論的客觀性和可靠性。

　　此次，國欽兄又將其最近6、7年來刊載於工商時報「經濟教室」專欄的文章精選成集，我有幸先睹為快。此書基本上有若干特色，其一是涵蓋領域甚廣，國欽兄將之分為15篇，篇篇各有其不同專精重點，此是渠多年來在經濟領域深耕的成果展現，非一般經濟學者所可望其項背。其次，每篇文章都是引經據典、旁徵博引，並且佐以表格，運用數據、事件說明，論述嚴謹，亦非一般只會空談理論、

充斥意識形態的經濟學者所能及。

　　其第三個特色是白話經濟。經濟學是一門相當專業的學問，經濟的現象是經緯交錯、錯綜複雜，但是經濟的活動又和人民的生活息息相關，如何將動態的經濟現象用深入淺出、活潑生動的文字將之刻劃出來，達到人人能懂的境界，此和作者的功力有關。深奧的經濟學理論在國欽兄的筆下，融入到日常的經濟課題，看他娓娓道來，是一種享受。我開玩笑說，他不只是「經濟通」，而且是「通經濟」。

　　此書的另一特色是它不是一本經濟學的書，因為它超越了一般經濟學的領域，它注入了詩、詞、古文、聖經、軼事等要素，可以從唐伯虎、陶淵明和你談失業，可以從古今排名談國家競爭力，可以從蔣捷歌樓聽雨論老人化，可以從菲利普曲線、歐肯法則談到拉弗爾曲線，可以從聖經的故事談到統計數字，有如成龍打醉拳之飄忽不定，卻又是信手拈來渾然天成，而其目的，無非是要用淺顯活潑、簡潔扼要的方式，描情述境、說明因果，在短短的2千字的社論空間，把盤根錯節的經濟現象、時政觀點完成了剔透的表達，這就是「于國欽風格」。

　　對於一個經濟事務的工作者，從此書可以得到許多的反省和啟發；對於一位經濟的研究者，此書提供了豐富的參考資料和不同的思維方向；對於一般的民眾，此書可說是瞭解經濟的故事書。換言之，這本書是「人人皆宜」的精彩好書。

　　最後，恭喜國欽兄再次把他多年的力作精選出版，喜愛他文章的讀者有福了！

尹啟銘（前經建會主委）　2013.3.19

于國欽

　　有人說：「沒有哪個經濟學家能像凱因斯那樣有效地使用手中的筆」，凱因斯自中學起就非常喜歡數學、古典文學及中世紀拉丁詩詞，這些訓練使他的評論擲地有聲。一次大戰之前他曾在《日郵報》當編輯，巴黎和會後他更在《曼徹斯特衛報》為文警告，他的熱情讓他不只關心英國，也關心歐洲，關心這個世代，更關心下一個世代。

　　1970年代孟加拉經濟學者尤努斯看到窮人生活每況愈下，沒有銀行願借錢給他們，慨然長嘆：「當人們在我課堂對面的門廊餓死時，我教導學生這些複雜的經濟理論有什麼用呢？」於是著手興辦窮人銀行，他的熱情讓百萬窮人尋獲出路。

　　凱因斯及尤努斯雖然身處於不同的年代，不同的國家，但他們對經濟社會的關心是相同的，他們深知學習經濟的目的在於讓人們過更好的生活，因此每每為文為弱勢者吶喊，尤努斯也經常反省：「當銀行將窮人拒之於門外時，經濟學家為什麼沉默？」

　　這些年我有幸於每週日的工商時報撰寫「經濟教室」專欄，每思及凱因斯、尤努斯淑世愛人的精神，深覺筆下責任重大。近年市場投機雖已釀成金融海嘯，但各國依然未記取教訓，從而貧富差距逐年擴大、中產階級逐漸消失、青年失業日趨嚴重、政府債務急速升高，這些前所未見的巨變，已然四面楚歌，而政治人物卻仍被選舉牽制，只想來年如何勝選，思之令人憂心，遂於經濟教室專欄為文，期望能藉由歷史、統計及學理為當前的經濟現象釋疑，這些文章如今分成十五個議題編入本書。

　　當前經濟真的讓人困惑，全球外匯市場每日交易四兆美元，其中與實體貿易有關者竟不到5％，其他錢到底跑到哪裡去了？2010年台

灣經濟成長逾10％，經濟成長並沒有帶來薪資成長，成長的果實跑到哪裡去了？當美歐出現財政危機，台灣的債務數據相對穩健，但台灣財政沒隱憂嗎？另外，人們認為物價指數低估，是何原因？政府振興經濟方案，為何無效？競爭力排名提升，何以出口反而降至南韓的一半？台灣碩博士逾百萬人，企業何以仍找不到人才？台灣內閣年年改組的傷害有多大？為解答這些問題，我總是盡力以歷史經驗、統計數字及經濟學理加以探討，以讓對經濟學有興趣者及關懷台灣經濟者，能透過本書進一步了解實況。

本書得以問世，首先要感謝十年前邀我寫「經濟教室」的工商時報副總主筆葉玉琪，更感謝商訊總經理惠國兄的支持，而出版部總監政雄兄的鼓勵，正陽兄、永元兄不捨晝夜費心編輯，克慶兄逐字斧正，在在令我感動。每週撰寫經濟教室要花不少時間，多年來我能以有從容的時間完成，得謝謝本組主任周慧如的協助。本書雖力求嚴謹，然難免仍有疏誤，尚祈各方先進不吝指正為盼。

于國欽 2013.3.14

目 錄

目錄

第1篇

總體經濟

兩種成長，兩種結局

　　這些年台灣的經濟成長始終讓民眾感受不太出來，以往6％的成長，報紙上滿是企業求才的廣告，社會上洋溢著加薪的喜悅，但如今即令經濟成長8％，也難以感受這種繁榮的景象於萬一。

　　我們詳查總體指標後可以發現，近8年來台灣有一項指標出現極大的變化，那就是三角貿易淨匯入。三角貿易淨匯入在2002年時只有78億美元，2007年已逾150億美元，當淨匯入愈多，貿易順差就愈大，而貿易順差愈大，經濟成長率就愈高，這些年台灣就是循著這一個成長的模式，創造令人讚嘆的經濟成績。日前已有人把台灣的經濟成長率上修至9.0％以上，這是20年來所未曾出現的景象。

　　三角貿易並非從天而降，而是取決於「台灣接單，海外生產」，「台灣接單，海外生產」愈多，三角貿易就愈多。許多人會質疑，生產活動在海外，所創造的產值貢獻也在海外，何以會有三角貿易的收入？沒錯，這些海外生產的產值是不會計入台灣，但台灣企業把訂單移至海外，海外廠商必然得付一筆費用給台灣企業，這筆運籌服務收入即是三角貿易收入的來源。

　　這些年台灣的成長模式隨著三角貿易走高而改變，昔年訂單帶動出口、出口帶動投資與消費的關聯效果已日趨疏離。統計顯示，2002年出口1,353億美元，同年接單1,509億美元，兩者相差不多，至2009年出口2,036億美元，訂單卻已升至3,224億美元，訂單是出口的1.6倍。

　　循過去的成長模式，當訂單持續成長，企業就得擴廠，增僱人力，發加班費，甚至加薪，以GDP＝C+I+G+X-M而言，投資（I）與消費（C）都將因訂單的成長而增加。但如今台灣訂單有5成移至海

外，如此一來，訂單所擴大的是海外生產線而非國內投資，所增加的是海外僱用而非國內就業，近年來民間投資與民間消費低迷不振，原因就在這裡。

三角貿易與超額儲蓄

	三角貿易淨匯入	服務及商品貿易順差	超額儲蓄
2002年	78	216	262
2003年	83	218	287
2004年	99	125	198
2005年	110	161	209
2006年	128	230	287
2007年	158	312	376
2008年	154	199	269
2009年	136	337	441

資料來源：主計處、央行　　　　　　　　　　　　　　單位：億美元

由此可知，三角貿易雖可創造令人讚嘆的經濟成長率，但對於因此所失去的投資、消費及就業動能，三角貿易無力回天，這也是何以今昔同樣成長6％，但人們的感受卻差這麼多的原因。

這些日子，我們還常聽說台灣貿易順差刷新歷年紀錄、超額儲蓄年年逾兆的消息，這其實與三角貿易也是息息相關。怎麼說？昔日當訂單增加，就會帶動投資與消費，而投資與消費升高又帶動了機器及消費品進口，透過這一層總體的連結，貿易順差不致飆升，但今日這個總體連結已不復昔日綿密，貿易順差創新高豈偶然哉？

至於超額儲蓄年年逾兆元，表面反映的是投資與消費動能不足，但若深入觀察這一連串的經濟關聯效應即會發現，這其實只是海外生產比率升高，三角貿易擴大後的必然結局，並不令人意外，依此研判，未來幾年台灣的超額儲蓄仍將居高不下。

今、昔兩種成長模式對總體經濟的傳導效果已不可同日而語，全球化走勢雖不可擋，但全球化導致國內經濟關聯效果日漸疏離、經濟

政策逐漸失效的現象，決策者不可不知。

工商時報　2010/10/24

註1：三角貿易是指「國內接單、海外生產」這種貿易型態，早年不普及，近年隨著大陸成為世界工廠，各國生產線移至大陸後日趨普及，台灣2001年製造業海外生產比率僅17%，如今已達50%。

註2：超額儲蓄和貿易順差互為表裡，只要順差升高，超額儲蓄也隨之提升。超額儲蓄等於經常帳收支餘額，包括商品與服務順差、國外要素所得收入淨額（央行外匯存底孳息）與國外經常移轉收入淨額。

閒錢比熱錢更可怕！

在美國聯準會接連採取量化寬鬆政策後，全球熱錢橫流，讓各國聞之色變，事實上除了熱錢可怕之外，一國的閒錢也非常可怕。

熱錢這10年在各國攻城略地，時而讓油價狂漲逾倍，時而令匯市驚慌崩頹，全球經濟無時不處於動盪劇變之中。

閒錢是經濟泡沫的動能

然而，熱錢固然可怕，閒錢也不容小覷，首先我們得給閒錢下個定義，一國一年所創造的GNP在用於消費、投資後還有賸餘的額度，這筆賸餘的資金就是閒錢，學理上稱為超額儲蓄，這筆錢太多，不是好事。

錢多了為什麼不是好事，得再解釋一下，我們可以把GNP視為一國一年所創造的總所得，人們的所得在買食物、付房租、喝咖啡等消費之後還有賸餘，那就是當年的儲蓄，台灣近年的儲蓄毛額總在4兆元左右，這筆錢其實就是閒錢，但還好這個社會有那些想投資卻缺錢的企業家及政府，於是這筆閒錢可以透過銀行轉借給政府及企業投資，但台灣這些年再怎麼蓋水庫、建廠房、買設備，最多也就是3兆元，4兆儲蓄用掉3兆，還剩1兆元，這1兆元學理上稱為超額儲蓄，用最淺顯的話說就是閒錢。

每年台灣的閒錢增加1兆，近5年累積已有5.5兆元，這是一筆龐大的資金，這些錢沒有用於實際的消費、投資活動，表面看起來是閒置的錢，事實上，這些錢一點也不閒。這些閒錢至終轉向房市炒高房價、流向股市炒熱股價，為泡沫經濟提供源源不絕的動能。

超額儲蓄被稱為閒錢是指這些錢沒有投入消費、投資的實際經濟活動，但並不表示這些錢就不動的被鎖在保險櫃裡，反之，這些錢為求取最大的報酬必然會進入股市、房市，如此一來，閒錢愈多，一國的經濟泡沫風險就愈大，這幾乎已是不變的法則。

　　我們可以回憶一下1984～1988年，這5年台灣的超額儲蓄率平均高達15％，這個紀錄至今尚未被改寫（目前約10％），這麼高的超額儲蓄非但將台灣股市由千點推升至萬點，也讓台北市房價狂漲2倍，惟最後泡沫終於在1990年夏天崩盤，股價在這一年的秋天跌破3,000點，多少人的投資付諸流水，多少股票一夕成為壁紙，哀鴻之聲不絕於耳。

近年台灣超額儲蓄變化

	超額儲蓄（億元）	超額儲蓄率（％）		超額儲蓄（億元）	超額儲蓄率（％）
2000年	2,736	2.65	2006年	9,325	7.43
2001年	6,406	6.33	2007年	11,675	8.82
2002年	8,664	8.13	2008年	8,417	6.51
2003年	10,139	9.20	2009年	13,651	10.59
2004年	6,649	5.67	2010年	12,791	9.17
2005年	6,931	5.76	2011年	14,905	10.31

資料來源：主計處

熱錢叩關 閒錢流竄

　　今天我們畏懼熱錢，但卻疏於防範閒錢，熱錢如何席捲全球，造成匯市混亂，閒錢照樣也能夠在股市、房市翻雲覆雨，創造景氣榮景的假象，使經濟陷於泡沫而不自知，兩者相較，閒錢對於經濟的衝擊恐怕更甚於熱錢。

　　台灣如今外有熱錢叩關，內有閒錢流竄，真可謂內憂外患，這是極大的危機，據主計處估計，台灣明年的閒錢又會再增加1.5兆元，面對愈來愈多的閒錢，愈來愈多的泡沫風險，若不想重蹈20年前的

覆轍，現在就得開始未雨綢繆了。

工商時報　2010/12/26

註1：把總體經濟活動比喻為蓄水的過程，消費、投資好比開啟水龍頭將水注入浴池，而儲蓄好比是浴池的水自排水孔漏出。至終浴池的水量非僅決定於消費、投資，也取決於漏失的水能否經由銀行的貸放重新注入水池。

註2：經濟指標很喜歡除以GNP來觀察其適當性，例如以公債餘額占GNP比率衡量政府財政是否失衡，以投資占GNP比率衡量投資水準是否恰當，以超額儲蓄占GNP比率來衡量閒置資金是否過當。

陸客能創造內需嗎？

隨著陸客自由行，估計大量的觀光客將帶動台灣的商業活動，於是有很多人說：「這些觀光客可以提振台灣的民間消費，台灣的內需市場也將因此擴大。」

這個目前相當流行的論述，並不正確。陸客來台消費確實會帶動國內的商業活動，惟這並不是內需的擴大，而是服務輸出的成長。

長期以來，我們大家熟悉的出口是成衣、水果、電腦這種有形的商品貿易，但這個世界還存在另一種無形的服務貿易，跨國旅遊就是最典型的例子。

服務貿易 規模可觀

商品的出口不難理解，但服務的輸出是什麼意思？成衣、電腦、水果可以透過飛機、船舶運到國外，阿里山、日月潭的美景怎麼運到國外？若不能運到國外，如何創造服務的輸出？

其實，這問題可以反過來思考，阿里山、日月潭沒辦法運到國外，但外國人卻可以搭飛機到台灣，他們到台灣觀光、住宿、餐飲，買烏龍茶，就是台灣服務對他們的輸出。

千萬不要以為服務貿易的規模很小，根據世貿組織的統計，如今全球各式的服務輸出一年就高達3.6兆美元，成長相當快速（1999年僅1.3兆美元），其中旅遊的服務貿易尤其熱絡，以法國而言，2009年旅遊就為法國賺進500億美元，美國更高達1,200億美元，中國逾400億美元，日本與韓國也都逾百億美元，遠超過台灣的68億美元。

其實，台灣這幾年的觀光收入已成長不少，2005年還不到50億美元，近年隨著陸客急速成長，國內旅館、餐飲、運輸及零售等商

第一篇 總體經濟

業活動明顯升溫，2009年升至68億美元，2010年已逾80億美元，但商業活動的升溫並不能和內需熱絡畫上等號，因為這個需求是來自國外，而非來自國內。

台灣的民間消費與旅行收入

時間	民間消費	服務貿易中的旅行收入	零售業營業額
2005年	NT$ 7.09兆元	US$ 49.77億	NT$ 3.09兆元
2006年	NT$ 7.24兆元	US$ 51.36億	NT$ 3.15兆元
2007年	NT$ 7.51兆元	US$ 52.13億	NT$ 3.26兆元
2008年	NT$ 7.61兆元	US$ 59.37億	NT$ 3.23兆元
2009年	NT$ 7.58兆元	US$ 68.16億	NT$ 3.28兆元
2010年	NT$ 7.89兆元	US$ 86.48億	NT$ 3.50兆元
2005年-2010年成長	11.3%	73.7%	13.3%

註：旅行收入包括商務及個人2部分　　　資料來源：中央銀行、主計處

陸客來台 不會創造內需

我們以國民所得統計來看，GDP=C+I+G+X-M，內需是指民間消費（C）、民間投資（I）與政府支出（G）這三部分，陸客來台是讓服務輸出（X）增加，而非讓民間消費（C）成長，時下許多人形容陸客來台會創造內需、創造民間消費，顯然是極大的誤解。

我們可以再看一下這幾年民間消費、旅遊服務貿易的變化，在開放的兩岸政策下，台灣旅遊輸出的金額去年大幅成長27％，反觀民間消費僅微增3％，這告訴我們陸客住旅館、喝下午茶、逛夜市、買烏龍茶的消費支出並非計入民間消費（C），而是計入服務輸出（X），服務輸出可望成為台灣經濟成長的新引擎。

台灣總人口不多，這個人口規模已限制了台灣的內需市場，因此唯一的出路就是外貿。過去40年的加工貿易、代工貿易隨著新興國家的崛起，優勢漸失，發展旅遊服務貿易應是不錯的選項。值得注意

的是，陸客雖是我們的優勢，然而若不改善觀光環境與服務品質，長
期而言，這項得之不易的成長動能，終將失去。

註1：商品貿易皆屬有形的貨品，進出口都得經過海關，因此每月發布的
　　　貿易統計又稱為海關統計。服務貿易是無形的，自然無法通關，一
　　　般都列於國際收支帳中。
註2：服務貿易除了觀光，還有航運、金融、專利與商標等服務的提供，
　　　近年影響台灣經濟極深的三角貿易也隸屬服務貿易，三角貿易列在
　　　經常帳下的「其他事務服務收入」。

歐元區的赤壁之戰

天下大勢，合久必分，分久必合的道理可謂放諸四海皆準，當2002年歐元區成立之際，何等風光，人人看好歐盟前景，歐元匯率一路由0.94升至1.45，未料如今隨著希臘債務危機失控，歐元黯淡，崩解之說又甚囂塵上。

歐洲經濟的整合源自1951年德、義、荷、比、盧所簽署的煤鋼共同體公約，隨著整合的加深，如今已形成區內27國彼此零關稅，對外關稅一致的歐盟（EU27），其中德、法等16國甚至捨棄本國貨幣，成為貨幣統一的歐元區（EA16）。

經濟結盟的高境界

經濟結盟有深淺之別，多數國家簽署的自由貿易協定僅互免關稅，像歐盟這種連貨幣都可統一的哲學境界，全世界幾乎找不到第二個地區，許多人不免要問：「德國馬克、法國法郎用得好好的，為什麼要轉成歐元？」

這是一個非常複雜的問題，其中可能有政治上的考量，也有經濟風險上的顧慮，更有歐洲民族主義的情感隱於其中，但單就經濟考量而言，結盟也並非沒有道理，使用同一貨幣可以節省兌換貨幣的交易成本、消除匯率風險，促進區內貿易，並提升在全球政經的影響力，好處不少。

其實，亞洲也曾有成立單一貨幣的念頭，10年前當泰銖、韓元、港幣遭熱錢狙擊而狂貶，亞洲金融風暴漫天蓋地而來之際，有多少知名學者倡議建立亞元來對抗熱錢的攻擊，又有多少人羨慕歐元區同氣連枝的經濟實力。

但天下任何事情總是有兩面，當初在倡議歐元時只看到好的一面，卻忽略了其中隱藏的危機。統一的貨幣確實提高了歐洲的政經影響力、也讓歐盟區內貿易在7年內擴張了4成，統一的貨幣更讓投機客不敢越雷池一步，對於提升歐盟的競爭力，貢獻匪淺。

近年歐盟內外貿易走勢

	歐盟出口			歐盟出口	
	對內	對外		對內	對外
2002年	18,974	8,919	2007年	26,601	12,405
2003年	19,144	8,692	2008年	27,149	13,098
2004年	20,717	9,529	2009年	21,943	10,944
2005年	22,149	10,527	2010年	25,383	13,488
2006年	24,963	11,601			

資料來源：歐盟貿易統計月報　　　　　　　　　　　單位：億歐元

貨幣統一的正反面

但誰也沒料到一個小小的希臘債務危機竟已讓歐元區左支右絀，幾近分裂，這凸顯了當國家財政出問題時，若沒有獨立的貨幣機制可供調控，在匯率、利率動彈不得的情況下，勢將使得問題趨於難解。

統一貨幣築起的堅強防線可以摒退投機客，但是當區內各國經濟榮枯有別時，這道防線反成了調控經濟的障礙，非但身陷風暴的國家難以靈活運用貨幣政策脫困，在歐元的聯繫下，同氣連枝的盟國們也得有池魚之殃的準備。

這個情景讓人想起赤壁之戰，當西元208年曹操率百萬大軍南下，困於風浪不息的長江，江東名士龐統建議以「鐵環連鎖」把江上的數百艘戰船加以連結，如此自可避免風浪的顛簸。

鐵鎖連舟雖然讓曹操水軍免於顛簸之苦，卻失去了靈活應戰的能力，在周瑜火攻下，瞬時火逐風飛，全軍覆沒，彼此聯繫的優點反成了最致命的弱點。

赤壁之戰與希臘風暴看似兩段無關的事件，但鐵鎖連舟與歐元單一貨幣所衍生的戲劇效果何其相似，又何其諷刺，繁華競逐，悲恨相續的歷史不斷重演，實令人感慨不已。

工商時報　2011/07/03

註1：歐盟內部貿易占全體貿易近年來大致維持在7成，以2010年而言，歐盟對外出口僅1.3兆歐元，而內部彼此出口卻高達2.5兆歐元，顯示歐盟各國彼此依賴程度極高。

註2：歐元區成立時已考量到財政的風險，因此訂有馬斯垂克條約，要求會員國的預算赤字占GDP低於3％，而債務餘額占GDP必須低於60％，但智者千慮終有一失，財政風暴依舊發生了。

人間四月芳菲盡

　　唐宋詞人們常寫春天，尤其喜歡寫3、4月春天即將離去時的心境，「春歸何處，寂寞無行路」^(註1)、「雨橫風狂3月暮，門掩黃昏無計留春住」、「春且住，見說道，天涯芳草無歸路」^(註2)，詞境幽遠而婉轉動人。

　　白居易也寫暮春的詩，但他的寫法不太一樣，他寫道：「人間四月芳菲盡，山寺桃花始盛開，長恨春歸無覓處，不知轉入此中來。」詩人們總是多愁善感，對春天的離去有惋惜者、有吶喊者，而白居易比較豁達，他認為春天並沒有消失，只是轉到山上來而已。

　　也許我們會問4月的春天跑到山上，那麼5月、6月時春天又跑到哪裡去了，是否跑到更高的山上？是否跑到南半球？但不論如何，這首詩告訴我們春天是漸漸離去的，同樣4月，當城市的春天消失時，其實山上的春天才正要開始。

景氣變化 如自然變化

　　許多時候，我們思考景氣的變化還不及白居易這首詩的境界，我們只會問景氣是熱還是冷，只會問景氣的春燕來了沒。事實上，景氣的變化不可能一語道盡，當金融面的景氣春天結束時，並不代表實體面的景氣春天也遠離了，當出口貿易的景氣進入了嚴冬，也不等於消費市場已然下起了大雪。

　　人間四月芳菲盡，不意味山寺桃花也凋零，經濟景氣的變化亦然。若我們明白這個道理，就不致對近來台灣景氣「外冷內熱」感到困惑。因為景氣的變化不像開燈、關燈讓屋子在同一刻全亮或全暗，而是像大自然的變化，當4月城市的春華落盡，山上桃花卻盛開如

春，這也就能解釋何以9月外銷接單、工業生產進入寒冬，國內商業活動卻依然熱絡的原因。

統計顯示，9月外銷接單年增率2.72％，工業生產的年增率1.62％同創近2年新低，但在百貨公司周年慶、民國百年結婚潮的加溫下，餐飲業營收成長10.1％、零售業也成長6.7％，雙雙創下今年以來的新高，美、歐景氣寒流顯然還未籠罩內需市場。

近一年台灣工業及零售餐飲表現

	年增率（％）		
	工業生產指數	零售業營業額	餐飲業營業額
2010年9月	12.08	8.32	12.22
10月	14.40	7.90	12.29
11月	19.61	5.73	8.29
12月	18.93	3.07	11.12
2011年1月	17.44	22.90	15.48
2月	12.93	-0.94	2.45
3月	13.73	8.69	3.80
4月	7.18	6.81	8.22
5月	7.56	3.93	5.87
6月	3.84	6.24	8.80
7月	3.63	5.70	8.79
8月	3.97	3.38	5.47
9月	1.62	6.66	10.09

資料來源：經濟部統計處

外冷內熱 是短期現象

會造成各部門景氣在同一刻冷熱不同的原因極為複雜，除了前述這些風俗文化、季節因素及產業特性外，投資、消費、出口及就業等市場對景氣的反映速度不一也是重要原因，這個不一致性總會使得總體景氣於反轉時呈現短暫的「外冷內熱」，但如果大環境持續走緩，

那些風俗文化、季節因素至終也得稱臣，如此一來，總體景氣最後的走勢必然會趨於一致。

　　白居易的詩只討論4月，4月當城市春華落盡時，山上仍有蓬勃的春意，但隨著大自然的季節移轉，5月、6月的山上還有幾分春意？只怕是不多了，這就好比當前國內消費還算熱絡，但只要美、歐的景氣寒流持續撲來，景氣的春天在離開外貿市場不久後，也必然會離開內需市場，這不僅是大自然的定律，也是經濟循環的法則。

工商時報　2011/10/30

註1：黃庭堅的《清平樂》：春歸何處，寂寞無行路。若有人知春去處，喚取歸來同住。春無蹤跡誰知？除非問取黃鸝。百囀無人能解，因風飛過薔薇。

註2：辛棄疾的《摸魚兒》：更能消，幾番風雨，匆匆春又歸去，惜春長怕花開早，何況落紅無數。春且住，見說道，天涯芳草無歸路。怨春不語，算只有慇勤，畫檐蛛網，盡日惹飛絮。

經濟現象的因果關係

1922年初德國紙幣發行量以驚人速度成長，隨之而來的，便是一場空前的經濟災難，德國的通膨率在1923年中升至10,000,000％，很顯然，貨幣供給過多是造成通膨的原因。

經濟活動，脈絡相連，甚至彼此間還有些許因果關係（causality），但我們分析經濟現象時常常過猶不及，不是忽略這層因果關係，就是誤判了這層因果關係。

這些日子我們常聽到「外冷內熱」、「外熱內冷」，好像消費、投資這些內需動能的起落和出口的榮枯全然無關。但怎麼可能沒有關係呢？台灣製造業生產高達7成供外銷，當出口不好時，廠商豈能增僱人力或加薪？不增僱人力或加薪，民間消費豈能成長？

我們觀察1975年、1982年、1985年這3段期間，台灣出口不是衰退就是零成長，伴隨而來的就是民間消費急速降溫，非僅如此，廠商投資腳步也放緩，1975年民間投資衰退3.1％，1976年也近零成長，1982年同樣在出口衰退下，民間投資又呈負成長3.4％。由此可知，出口前景不妙，不論消費或投資絕不可能會有好的表現。

靜態資料難判因果

靜態（static）的國民所得統計資料是無法呈現因果關係的，倘若直接拿著靜態的資料來分析，就會得出民間消費與投資超過出口的結論，進而以為內需可以與出口分庭抗禮，但這顯然是不正確的。若以跨期的動態資料分析則可以發現，一旦出口動能流失，內需的力量也將為之式微。

我們平常一些論述，不知不覺就為經濟活動的因果關係定調了，例如大家常會說貨幣供給過多會釀成通膨、經濟成長率提升可以縮減貧富差距、自由化可以降低失業率、匯率升值可以改善貿易條件。然而，這些論述未必放諸四海皆準，這些年盛行的三角貿易對台灣經濟貢獻不小，但三角貿易卻讓贏者圈愈來愈小，如此一來，經濟成長不拉大貧富差距已屬萬幸，哪能改善貧富差距？

　　再者，經濟自由化程度愈高也必須其他條件配合（例如企業家道德素養）才有可能降低失業、減少貧窮人口，否則自由化恐怕只會讓弱勢者更弱勢。至於調控匯率來提振出口或降低通膨確有其短期效果，但絕無可能以此來改善貿易條件，貿易條件終究得取決於一國人力素質、產業層次，如果匯率升貶有如此神奇力量，那發展中國家在盡情升貶中不都成了富國，這天下還有窮國嗎？

主要指標的年增率

	M1B與股價、物價（%）			出口與民間消費、投資（%）		
	M1B	股價	物價	出口	民間消費	國內投資
1985年	12.2	-4.6	-0.2	0.9	4.7	-5.7
1986年	51.4	25.2	0.7	29.7	6.9	10.4
1987年	37.8	161.6	0.5	34.7	10.3	24.4
1988年	24.4	121.1	1.3	13.0	12.8	18.1
1989年	6.1	47.8	4.4	9.3	13.3	11.1
1990年	-6.6	-49.2	4.1	1.4	8.4	-7.0

註：M1B及股價為12月平均數，餘為年平均數　　資料來源：主計處、央行

　　統計學經常討論兩事件的相關性，卻不敢妄論兩事件的因果關係，但在我們的論述裡卻經常依據經驗法則把兩件高度相關的事件定調為因果關係，例如1986年台灣的貨幣供給年增率逾50％時，就有學者拿德國的經驗警示通膨將出現，結果那些年台灣的通膨率僅0.5％～0.7％，莫說通膨，就連通膨的影子都沒有。

因果關係不會百世不變

由此可知，經濟社會並沒有衡諸百世不變的因果關係，因果關係總會隨著政治環境、產業層次的變化而有所不同。當我們想憑藉過往的因果關係來闡釋當前經濟現象時，恐怕得先瞭解一下這些外在情勢的變遷，才不致誤判。

工商時報　2012/01/15

註1：針對兩種現象，譬如商業銷售值與每月晴天的日數，可算出相關係數以了解氣候和銷售是否有關，但相關係數高不必然代表兩者具有統計上的因果關係。

註2：凱因斯認為只有兩個清楚的概念，並有精確的材料才能進行因果關係的數量分析，但真實的世界許多相互比較的概念，本身已然模糊，硬要進行數量分析，則數量分析所追求的精確反成了「假精確」；有時因果關係的判斷有賴於某種廣泛的判斷力。

民間消費為何低迷？

這些年台灣的消費相當低迷，薪水成長太慢固然是主因，但除此以外，房價逐年飛漲，房貸日趨沉重，也是重要原因。試想，每個月領到的薪水如果有半數都得拿去還貸款，這個家庭還剩多少消費動能？

台灣的房貸究竟有多沉重？依照內政部的統計，2004年在台北市買房子向銀行貸款，每月所須付的房貸占每月家庭所得僅30.6％，但如今隨著房價大漲，這個比率已升至45.1％，換言之，一個家庭夫妻努力工作1個月所賺的錢，真正能拿來消費的僅剩不到6成，如此能不節衣縮食嗎？

不上館子 改吃便當

為了繳房貸，當然得節省開支，依內政部今年3月的調查，這些揹負房貸壓力的家庭，有近6成會減少休閒娛樂的開銷，有近5成的家庭甚至連日常必要的開支都得撙節，上館子改成買便當，買橄欖油換成買沙拉油，出國度假改成在國內旅遊，搭公車替代計程車，家具、汽車還堪用就不必汰換了，衣服、眼鏡還能穿戴也就湊合湊合。

家庭省吃儉用，使得近年餐廳門可羅雀，唱片行乏人問津，書店人潮不再，從南到北更有不少百貨公司吹起熄燈號，隨著民間消費動能流失，商業景氣如今已難重返昔日的熱絡，這非但抑制了台灣的經濟成長，也使得國內失業率扶搖直上。

消費動能 史上新低

台灣這些年民間消費有多低迷？以近30年的數據觀察，第一個10年（1981～1990年）平均每年民間消費成長8.0％，第二個10年（1991～2000年）仍有6.9％，第三個10年（2001～2010年）驟降至2.3％，消費動能之低，為歷年各時期所僅見。

今天許多人都看到房價高漲帶來的資產泡沫風險、也看到房價高漲對中產家庭的壓力，事實上，房價飛漲還會排擠民間消費進而削弱經濟成長動能，不論對長期的資本市場或短期的總體景氣，皆屬不利，台灣這些年的消費、經濟長期疲弱不振，足堪為證。

家庭儲蓄 急速下滑

更值得注意的是，由於房貸壓力太多，薪資成長太緩，也使得台灣經常引以為傲的家庭儲蓄逐年下滑，台灣近20年的家庭儲蓄率已由前10年（1991～2000年）的27.7％降至後10年（2001～2010年）的22.4％，如果進一步觀察富有家庭與一般家庭，更赫然發現，前20％高所得家庭的儲蓄每年總還有60萬元以上，變化不大，但其餘家庭的儲蓄則減少2成至5成，甚至出現負儲蓄。儲蓄向來是社會安定的重要力量，家庭儲蓄急速下滑，意味著家庭生活的風險升高。

房貸排擠家庭消費的情況

減支項目	新購屋者	欲購屋者	減支項目	新購屋者	欲購屋者
基本日常必要開支	45.0%	48.0%	進修學習	8.4%	13.0%
			休閒娛樂	56.7%	58.6%
子女教育	8.2%	6.3%	投資理財	49.2%	34.8%
老人照護	3.7%	3.7%	儲蓄	33.3%	36.2%
醫療及保險	7.0%	6.2%	其他	0.7%	0.7%

註：本表為2012年3月調查結果，數字係受訪者比率　　　資料來源：內政部

房價飛漲 潛藏危機

　　總體經濟走勢經常跌碎一堆專家的眼鏡，其原因就在於看似繁榮的表象，經常潛藏著資產泡沫的風險，房價飛漲讓資本市場升溫，也讓消費市場降溫，若不仔細觀察很容易只看到商機，而沒看到危機，2001年的網路泡沫、2008年的金融海嘯，在發生風暴前有多少人明白衰退已在旦夕之間？台灣近年房貸壓力升高，消費動能流失，台北的天空早已烏雲蔽日，山雨欲來。

工商時報　2012/06/10

註1：台灣的民間消費占GDP約6成，對經濟成長有舉足輕重的影響力，惟消費規模取決於可支配所得的水準，當房貸支出愈多，家庭可支配所得就愈少，消費動能就愈弱。

註2：台灣自金融海嘯復甦以來，房價快速回升，尤以大台北最明顯，依內政部調查，2009年上半年台北市平均每坪僅30萬元，2011年第3季升至53萬元，今年首季依然高達51萬元。

GNP分配到哪裡？

這些年大家對經濟成長愈來愈失望，因為無論經濟成長再高，薪資依舊不動如山，經濟成長的果實到底跑到哪裡了？

經濟成長率是指國內生產毛額（GDP）的實質增幅，GDP以國外要素所得收入淨額加以調整後即得出國民生產毛額（GNP）。事實上，10多年前各國的經濟成長也是根據GNP計算的，為免讓問題複雜化，本文以GNP的系列指標來討論。

三面估算 理應均等

GNP可以由生產、支出及所得三面估算，理論上三面應該均等，也就是生產所創造收入，恰好會等於受僱者、股東、地主等生產要素所獲得的報酬總和。

如此說來，GNP成長愈高，不論是股東、地主或是受僱者皆可受益才是，何以這些年即使GNP有不錯的成長，薪資依舊沒太大變化？簡而言之，市場經濟讓贏者圈愈來愈小自然是主要原因，不過還有另一個始終未被提及的原因，那就是GNP裡有一筆為數不小的錢是不能分配的。

這個不能分配的錢稱為「固定資本消耗」，以去年為例，14.1兆元裡，固定資本消耗就占了2.1兆元，能拿出去分配的錢只有12兆，而這12兆元即稱為「國民所得」。

固定資本消耗是什麼？何以不能分配？事實上固定資本消耗在經濟學教科書裡經常也被稱為折舊。我們可以用機器設備折舊的概念去理解，企業在購置設備開始生產後，每年都須提列折舊費用，這是企業的生產成本，自然不可能分配給個人。

這些年台灣民間投資雖沒有年年大幅成長，但隨著面板、半導體建廠需求持續成長，加上政府5年5,000億、4年5,000億大筆投入公共建設，台灣的資本存量仍持續成長，因而每年攤列的「固定資本消耗」也水漲船高，1992年的固定資本消耗僅5,023億元，至2011年已升至21,030億元。

國民生產毛額與國民所得

	國民生產 毛額GNP	國民所得 NI	固定資本 消耗	GNP／NI
1992年	56,553	51,275	5,023	1.10倍
2002年	106,541	93,815	12,349	1.13倍
2010年	140,439	120,635	20,095	1.16倍
2011年	141,331	120,168	21,030	1.18倍
1992-2011年 增加	1.5倍	1.3倍	3.2倍	－

資料來源：主計總處　　　　　　　　　　　單位：新台幣億元

雖看得到 卻吃不到

過去20年，固定資本消耗占GNP的比率已由9%升至15%，換言之，以前我們看到的GNP有超過9成是「看得到、吃得到」，但如今「看得到、吃不到」的比率已愈來愈高。從「每人GNP」的角度來看，台灣確實已升逾20,000美元，但從「每人國民所得」的角度而言，依然只有17,590美元。

國民生產毛額（GNP）與國民所得（NI）哪一個更適合用來衡量經濟成長？

看起來好像是扣除「固定資本消耗」的國民所得較貼近一般人的感受，但由於固定資本消耗迄今仍無法精確統計，只能依定率遞減等方法設算，因此各國經濟成長率仍以國民生產毛額為基礎計算，惟藉由國民所得（NI）的變化，卻可以讓我們更清楚所得分配的真相。

近20年國民生產毛額成長1.5倍，由於固定資本消耗快速增加，

同期間可分配的國民所得只成長1.3倍。隨著資本存量持續累積,固定資本消耗勢必一年高過一年,而GNP與大家的感覺恐怕也只會愈來愈遠。

工商時報　2012/07/22

註1:國內生產毛額(GDP)在2011年為13.7兆元,加上國外要素所得收入淨額後即國民生產毛額(GNP)14.1兆元,扣除固定資本消耗後即依市價計算的國民所得(NI)12兆元。

註2:國民所得如果再細分還可分為依市價、依要素成本計算兩類,2010年依市價計算的國民所得為12兆元,扣除間接稅淨額的數字11.3兆元即是依要素成本計算的國民所得。

下滑的附加價值率

馬英九總統日前在國慶談話裡提到：「國人薪資停滯不前，要突破這個困境，產業一定要走向更高的附加價值。」這句話說的對極了。

附加價值（value added）在國民所得統計裡有嚴謹的定義，相信馬總統這席話絕非泛泛之論，而是有深厚意涵的。什麼是附加價值？底下這則故事也許可以讓我們有些領悟。

過去曾有位經營銅器的商人問他兒子：「一磅銅值多少錢？」小孩答40美分，這位長者說：「做為猶太人的兒子，你必須說4美元，你試著把一磅銅做成門把看看。」小孩長大後繼承父業，他把銅製成銅鼓、瑞士鐘錶的簧片、奧運獎牌等等，一磅銅的價值在他手中被提升到400美元、甚至4,000美元。

附加價值率 衡量競爭力

依國民所得統計的定義，上述門把、簧片、奧運獎牌這些運用銅所生產的產品，其產值即為生產總額（gross output），扣除生產所投入的電力、材料成本後，即是附加價值（value added）。顯然，同樣一磅銅之所以會創造出不同的附加價值，關鍵即在於技術與創意。

當然，一個國家不會只生產銅製品，我們可以把上述這個故事的概念擴大到各產業的生產活動，藉以了解一國產業的附加價值水準。

長期以來，人們常以附加價值占生產總額的比率來研判一國的產業獲利與競爭力，這一比率通稱為「附加價值率」。

雖然20年來，政府傾全力獎勵研發，並藉由促產條例的租稅優惠來發展科技產業，但台灣製造業的附加價值率不升反降，由1991

第一篇 總體經濟

年的28.8%一路降至2010年的21.3%，而政府著力最深的半導體、面板這類電子零組件產業，其附加價值率同樣由28.0%降至24.1%。

20年來台灣產業確實由紡織成衣升級為電子資訊，但產業升級並未讓台灣的附加價值率提高，之所以會如此，是因為這些電子資訊產品所面對的是一個過度競爭的全球市場，出口價格年年降低，而業者還得年年支付可觀的技術權利金，利潤經此壓縮，附加價值率自然是每況愈下。

台、美製造業附加價值率

	台灣		美國	
	製造業	電子零組件	製造業	電子設備元件
1991年	28.8%	28.0%	35.6%	50.3%
2001年	26.8%	26.2%	34.5%	39.5%
2010年	21.3%	24.1%	35.2%	38.8%

資料來源：行政院主計總處，美國BEA

台電子產品 銷售值偏低

我們從經濟部歷年的調查也可以證實上述的看法，2000～2011年台灣的記憶體模組銷售量成長20.7倍，但銷售值僅微增2.6倍，同期間台灣的10吋以上面板銷售量也大幅成長24倍，惟銷售值卻僅提升區區5.9倍，台灣電子產品的產量雖多，但獲利甚微，處境之艱，於此可知。

反觀美國，其製造業的附加價值率自1991年到如今，一直維持在35%的高水準，而其電子設備元件產品的附加價值率近10年來也大致維持在40%左右，並沒有逐年下滑的現象。這說明先進國家以其創新、技術的優勢，迄今仍享有極高的附加價值水準。由於附加價值最終會分配給各生產要素做為報酬，是以美國近年的薪資仍能扶搖直上，正是拜產業的高附加價值之賜。

台灣產業要走向高附加價值已談了一、二十年，策略雖多終未見

效，在產業升級已無法和附加價值提高畫上等號的今天，要實現馬總統的國慶談話，實非易事。

工商時報　2012/10/14

註1：生產總額（gross output）係指產業生產活動所創造的總產值，扣除生產過程所投入的電力、原料等成本（中間成本），才會得出附加價值（value added），而附加價值即是生產毛額。

註2：每個產業的生產毛額（即附加價值）加總後即為一國的國內生產毛額（GDP），GDP會分配給各生產要素如資本、土地、勞工做為報酬，因此只有附加價值提高，薪資才有機會成長。

台灣有多少內需動能？

馬英九總統日前在一場招商大會上信心滿滿地說：「今年第1季的經濟成長13.7％，有87％來自內需，第2季的經濟成長12.5％，也有64％來自內需，內需占的比率高是好現象，對於失業的降低及所得分配的改善都有幫助。」台灣內需的力量真有這麼大的貢獻嗎？值得深入探討。

內需的虛幻與實際

多數人都知道，經濟成長率即是GDP的實質增幅，而GDP是消費、投資、政府支出及國外淨需求的總和，用數學等式表達就是GDP=C+I+G+X-M，消費、投資及政府支出由於是國內經濟活動所產生的需求，因此稱為內需，（X-M）則是指國外淨需求。我們如果直接看這個等式，會得出今年經濟成長率8.24％確有4分之3的貢獻來自內需，馬總統說上半年內需扮演重要的角色，確實是有所本的。

不過，以GDP=C+I+G+X-M直接研判內需強勁與否，有欠周延。因為C、I、G、X、M並非彼此獨立的經濟活動，消費、投資這兩項活動都與進口密切相關。例如，今年民間消費驟增，許多人以為這個內需動能會提振國內經濟，事實上民間消費裡有可觀的比例是來自於買外國貨、出國旅遊，像這類的消費活動最後只能帶動美、歐的經濟與就業，而未必帶得動國內的經濟與就業。

產業關聯表 揭開謎底

再如民間投資，直觀上今年前兩季民間投資1兆元，成長39％，投資確實是經濟成長的重要引擎，惟投資總額裡逾半得支付美、日、

歐採購半導體等設備。這由今年1～7月進口逾7千億元的資本設備，年增率68%即可明白。由此可知，民間投資雖屬內需的經濟活動，但其對國內產業的帶動效果，顯然也不如表面數字這般亮麗。

那麼到底消費、投資真正能帶動國內經濟的效果有多大？依各國經濟結構、民眾偏好的差異，這個效果不盡相同，我們也許可以從產業關聯表的「輸入需求係數」一窺其中的奧秘。

輸入需求係數

	總計	消費	投資	輸出
2001年	0.31	0.22	0.50	0.37
2006年	0.39	0.24	0.54	0.49

資料來源：產業關聯表

依據主計處所編製的2006年產業關聯表，台灣的民間消費的輸入需求係數為0.24，即指24%的消費需求是仰賴輸入。民間投資的輸入需求係數更高達0.54，有54%的資本設備是自海外輸入，如果與2001年比較，不論是消費或投資對進口的依賴都明顯提高了。這也就是說，消費與投資這兩項內需經濟活動，由於有極大比例的商機流至海外，若直接以GDP=C+I+G+X-M來估算內需對台灣經濟的貢獻，將會流於高估而不自知。

除了內需商機大舉外流，難以創造經濟動能之外，像台灣這樣一個只有2千多萬人的社會，要全然靠內需支撐經濟也是不可能的。也許有人說瑞士、瑞典、丹麥人口不滿千萬人，他們出口不比台灣多，這豈不是靠內需嗎？我們查考世貿組織（WTO）的統計可以發現，他們在商品輸出上也許不如台灣，但他們在服務輸出（如觀光、金融、航運）的表現卻是我們所望塵莫及的。

台灣經濟榮枯 關鍵在外貿

我們可以再觀察一下經濟部的製造業銷售調查也可以發現同樣的事實，以今年上半年而言，台灣製造業直接外銷的比率即達5成，若再加上間接外銷，外銷比率恐已逾6成，所以如此是因為台灣的市場

規模太小，不尋求美、歐、中的訂單，光憑台灣2,000多萬人口，根本不足以支撐夠分量的產業。

由此也可以知道，台灣經濟榮枯的關鍵仍在於外貿，而不是內需，即令今年最被經建會稱道的民間投資，這個內需也是外貿所引導出來的，而非內需自發產生的。試想國內半導體、面板廠商所以擴充產能，是著眼於國內需求？還是國外需求？答案應是不言自明。

消費、投資、出口、進口這些經濟活動不但彼此相依，並且也有因果關係，也許直接看比重、貢獻會以為消費及投資很重要，但是如果沒有出口的持續引導，內需的力量也終將無以為繼。

內需及輸出對經濟成長的貢獻

		2007年	2008年	2009年	2010年
經濟成長率（％）		5.98	0.73	-1.93	10.88
輸入拆解後（百分點）	消費	1.54	0.08	1.60	0.93
	投資	0.22	-0.54	-1.70	2.58
	輸出	4.22	1.19	-1.83	7.37
未拆解（百分點）	民間消費	1.23	-0.53	0.61	2.11
	民間投資	0.24	-2.62	-2.52	3.83
	存貨增加	-0.27	0.94	-2.20	2.24
	政府支出	0.14	0.10	0.95	0.30
	淨輸出	4.65	2.84	1.25	2.40

資料來源：行政院主計處

發展服務輸出 最佳抉擇

中科三、四期的爭議隱約透露，隨著環保意識抬頭，台灣製造業投資、生產及出口的潛在壓力與日俱增。在內需規模先天不足、製造業擴大規模的難度升高下，長期而言，台灣內需與外貿都將面臨成長的極限，也許效法瑞士等歐洲國家以服務輸出替代商品輸出，才是最佳的抉擇。

工商時報　2010/09/05

第2篇

市場經濟的迷思

資源傾斜的市場談何尊重？

每當政府在做決策時，最常聽到的一句話就是「尊重市場」。但何謂市場？亞當斯密說的好：我們能享受豐富的晚餐，並非釀酒師傅、麵包師傅的仁慈，而是由於他們關切自身的利益。這個自利心即是形成市場的要素。

自利心 創造經濟市場

個人的自利心向來不被視為美德，但集合眾人的自利心卻可以形成市場，創造供給，帶動需求，而使得經濟活動得以熱絡。古典經濟學家相信，當每個人追求自己的最大利益時，會不自覺得被一隻看不見的手（市場）牽引，而創造了社會的最大利益。

但這僅是一個理想的境界，事實上每個人追求自己的利益時，經常會影響到他人的利益，從古至今，以鄰為壑者史不絕書。顯然，自利心必須立基於一個道德感強烈的社會，市場運作才會好一些，若建立在一個法制不明、吏治不清、資訊不對稱的社會，問題必多，至終市場僅能牟一、二人之利，而無法創造眾人之利，貧富差距擴大，社會衝突激化迨由此而生。

尊重的是市場 還是壟斷者

由此可知，古典經濟學家所講的尊重市場是指尊重一個「完全競爭市場」，也就是資訊對稱、進出自由的市場。若是一個寡占的市場、獨占的市場，一個資訊被壟斷的市場，那麼便沒有尊重市場的問題。這時候若還強調尊重市場，其所尊重的到底是市場？還是市場的壟斷者？政府這時若還一味奉行尊重市場的教條，那是在創造社會最

大利益？還是在維護少數壟斷者的利益？是在執行一個公義的政策？還是與壟斷者共舞？

　　最近由於立法院初審通過民法修正案，將約定利率上限從原20％，改為「央行短期融通利率加計年利率9％」浮動計息，鑑於目前利率極低，未來若完成三讀，將使得雙卡利率上限由20％降至12.5％，消息傳出，金融業急如星火，尊重市場的聲浪又是此起彼落，但我們不禁要問：這是一個完全競爭市場嗎？資訊對稱嗎？答案當然是否定的。

近年台灣存放款利率變化

	一個月期 存款利率	基準放 款利率	利差
1980年	9.75	14.50	4.75
1982年	7.00	9.50	2.50
1984年	6.00	8.50	2.50
1985年	4.75	7.50	2.75
2001年	2.13	7.38	5.25
2003年	1.05	3.43	2.38
2005年	1.50	3.84	2.34
2008年	0.91	4.21	3.30
2009年	0.35	3.16	2.81

資料來源：中央銀行

剝削窮人 卡債次貸風暴成災

　　消費者在銀行家面前毫無發言權，錢存的太少要被收管理費，想借錢的人又得依風險訂價計息，在這個法則下，經濟弱勢者得支付更高的貸息，遊戲規則如此，註定要惹出大麻煩，2006年台灣卡債風暴擊垮50萬卡債族而重創景氣，2008年美國次貸風暴同樣也因窮人付不起高於一般人的房貸利率，終於釀成百年巨災。

　　這個世界有些市場天生就是寡占、獨占，有些市場則可透過開放

形成理想中的完全競爭市場。銀行業由於進入門檻極高，自然難以形成完全競爭市場。此刻銀行大談尊重市場，但幾年前國內金融危機，亟待政府救援時，卻沒聽到「尊重市場」，只聽到「系統性風險」，謂政府不出手將形成系統性風險，奇哉！

銀行家雙重標準 只求己利

如果「尊重市場」是衡諸百世不變的準則，那麼銀行家們除了在利率這件事上尊重市場外，當2000年前夕面臨金融風暴時豈不也該如其所言的尊重市場？讓市場來一次創造性毀滅？何須政府減徵3個百分點的金融營業稅供其打消呆帳？

銀行家們不能在危難時便把「尊重市場」拋諸腦後，在談到自身利益時又舉起「尊重市場」的大旗，這樣前後不一致的論述證明了，金融市場至今並非完全競爭市場。既是如此，便沒有尊不尊重市場的問題。美國最尊重市場了，但尊重市場的結果竟掀起世紀金融災難，顯示美國金融監理機構早已不知道他所尊重的市場被扭曲成什麼樣子了。

市場須安上道德的鞍索

觀察1980年代初期，台灣雖然放款利率高，但存款利率也高，其間的利差約在2.5％至4.75％之間，2000年以來放款利率雖低，但是存款利率更低（目前一年期定存僅0.7％），平均而言銀行享有的利差仍在2.0％到5.6％之間。在全體產業進入微利的年代，銀行這樣的報酬率，不可謂之低，以法律適度的約束其放款利率上限，讓弱勢者免於被過度剝削，有何不可？

人類的自利心與生俱來，無須以道德家的眼光加以譴責，只不過一旦自利的行為要以50萬卡奴的人生做為祭品、以全球金融海嘯做為代價，這樣的自利行為便不能以尊重市場一語橫加搪塞了。

尊重市場是對的，但當這個市場已如同駿悍的野馬狂恣奔利時，我們怎能不在馬的身背上，安上理性、道德的鞍索呢？

工商時報　2009/03/29

市場多少罪惡假其名而行

不論有沒有讀過《國富論》，多數人大概都曾聽過看不見的手（invisible hand）一詞，從學理上而言，透過那隻無形之手的引導，社會資源在市場獲得最有效的配置，同時也將創造社會的最大福祉。

不過，從這一波金融海嘯以摧枯拉朽之勢崩解市場看來，無形之手已然廉頗老矣，再以近月油、銅、鋅、金的價格直上雲霄的走勢來觀察，可以看出無形之手根本無力駕馭這些癲狂的市場，如此前不能遏阻崩解的危機，後不能抑制狂嘯的泡沫，多數人不禁想問：那隻看不見的手何在？市場效率何在？所創造的社會福祉又何在？

無形之手說來神秘，事實上就是在闡述供需之間的故事，供過於求則價格下跌，供不應求則價格升高，經濟學家相信在市場價格循循導引下，社會不致花冤枉錢去發展一些不具效益的產業，換言之，資源可以獲得有效的配置，因而可以創造出社會的最大福祉。

由此可知，市場不僅是眾多供給者競爭的戰場，也是供給者與需求者拉鋸的平台，如果市場的參與者皆有孔子那種「不義而富且貴，於我如浮雲」的襟懷，那麼市場必然如《國富論》所言，雖人人自利，但至終為那一隻看不見的手引導，有效的促進了社會的利益。

遺憾的是，在利益的誘惑下，多數參與競爭者早已心馳神往，跨越道德領空，遊走法律邊緣，甚至蓄意欺瞞，肆意掠奪。

在資訊不對稱下，許多市場更已成了掠奪者的舞台，自由經濟與尊重市場只不過是其遂行掠奪的冠冕堂皇理由，如此則華爾街風暴如何能不發生？肥貓如何不出現？中產階級的處境又如何不每況愈下？

我們可以看一下近年全球的經濟情勢，其實全球人口並沒有快速成長，從2002年至2006年不過增加5.6％而已，但原油價格在同期間

卻狂漲150％、鎳、銅、鋅、鉛更飛漲逾300％，此外小麥、玉米、黃豆、糖無一不漲，好像全世界突然增加了30億人口的需求一般，顯然這些市場價格是被國際熱錢蓄意炒高，期貨市場、衍生性金融商品原是用來避險的，但如今卻全數變成投機工具，非但不能安定市場，反而大大干擾市場，市場那一隻看不見的手老早已被投機者的貪婪之手取代，自由市場成了殺戮戰場，全球的消費者全成了待宰的羔羊，這樣的市場根本不是亞當斯密心中的市場，因此自然要帶來災難而非創造福祉。

國際主要商品行情

	黃金（盎司）	銅（噸）	鎳（噸）	黃豆（英斗）	原油（桶）
2001年底	276	1,460	5,858	4.21	23
2002年底	342	1,536	7,100	5.70	24
2003年底	417	2,321	16,650	7.89	28
2004年底	438	3,279	15,205	5.48	36
2005年底	513	4,584	13,380	6.02	50
2006年底	635	6,308	34,025	6.84	61
2007年底	836	6,641	26,010	11.99	69
2008年底	865	3,041	11,609	9.72	94
2009年底	1,104	7,342	18,452	10.40	74

資料來源：行政院主計處　　　　　　　　　　　　　　　　單位：美元

　　不僅全球市場，無形之手難以運行，即令一國的金融市場、資本市場、房地產市場亦復如此，市場那隻看不見的手已拱手交出調控權，如今不論台灣或美國，所見者是雙卡利率剝削卡奴、房價飆漲欺負百姓、不義肥貓坐領高薪，這些不合理的現象顯然可知，但卻一一被美化成市場無形之手使然，若有人異議，則一概被指為干預市場、不尊重市場或大開自由化倒車。

　　然而，我們要問的是：這些市場是完全競爭市場嗎？供需兩方的資訊是全然對稱嗎？若是，那麼政府確實不該進行干預，但若不是，

那麼藉由政策修正，挽回起碼的正義，有何不可？哪裡違反了市場？又哪裡開了自由化倒車？「自由、自由，多少罪惡假汝之名而行」這是18世紀法國大革命期間羅蘭夫人的名言，面對今天國內外資本市場、金融市場動輒以市場經濟之名行掠奪之實，我們也不禁感慨：「市場、市場，多少罪惡假汝之名而行。」

今天有多少人誤解了亞當斯密那一隻看不見的手，又有多少人把自己貪婪的手伸進了市場，兩隻不同的手自然產生了兩種截然不同的結局。若資本家不停止掠奪，短暫掠奪的快意，終將釀成社會無窮的災難，1930年代大蕭條、2008年的金融海嘯，皆是前車之鑑。

工商時報　2010/01/31

國內房市的「流動性陷阱」

　　1932年美國經濟大蕭條，民眾不相信股票債券、也不相信銀行，各銀行出現排隊擠提現金的人潮，狂熱的貨幣需求，使得貨幣當局不論供應多少貨幣，皆難以引導市場利率下滑。凱因斯在《一般理論》一書第15章談到貨幣流動性心理時，曾以1932年這段歷史為例，提出流動性危機的概念，而這一貨幣政策失靈的現象，後來被稱為流動性陷阱（Liquidity trap）。

　　在平時，中央銀行可經由貨幣供給的鬆緊來調控利率的走向，但是當社會心理出現巨大變化時，貨幣政策便難以奏效，1932年的美國，在恐慌的推波助瀾下，無論增加多少貨幣供給皆難以引導市場利率走低，傳統運用降息刺激景氣的策略為之束手，遂使得美國經濟難以復甦。

社會大恐慌 理論失靈

　　經濟社會所以會出現流動性陷阱，這是因為1932年美國的大蕭條已不只是經濟層面的問題，而是一個社會恐慌心理的現象，既是如此，用經濟政策來解決心理恐慌，自然是要失靈的。莊子說：「以有涯隨無涯，怠矣！」同樣的，「以有限的貨幣供給追趕無窮的恐慌需求，怠矣！」這個道理至為明顯。

　　這一陣子國內房價高漲，尤其是大台北地區房價更是漲得離譜，為紓解民怨，政府半年來採取的就是以增加房屋供給，來引導房屋價格下降的政策。純從市場供需的概念而言，增加供給來抑制房價飆漲，是有道理的，也合乎邏輯的。但事實上，這一增加房屋供給的邏

輯至終可能就像1932年美國貨幣當局增加貨幣供給一樣，最後全被強大的恐慌需求、投機需求吸收殆盡，非但抑制不了房價，反而為非理性的房市加滿柴火。

依相關統計，大台北地區不論是台北市或台北縣（目前改制為新北市），這些年來的住宅存量持續增加，而且增加的幅度都遠遠超過人口成長的幅度，以台北市而言，10年來人口從265萬人降至261萬人，但是住宅存量卻由82.7萬宅升至89.5萬宅，房屋增幅不可謂不大。

至於台北縣這10年來人口雖成長了8.4％，但住宅存量的增幅更高達14.3％，足夠滿足人口成長的需求而且還綽綽有餘。

國內房屋供需概況

	台北市		台北縣	
	人口數（萬人）	住宅存量（萬戶）	人口數（萬人）	住宅存量（萬戶）
2000年底	265	82.7	357	127.2
2001年底	263	83.2	361	128.7
2002年底	264	83.9	364	129.8
2003年底	263	84.4	368	131.0
2004年底	262	85.1	371	132.2
2005年底	262	85.7	374	133.8
2006年底	263	86.3	377	136.4
2007年底	263	87.5	380	139.7
2008年底	262	88.8	383	142.8
2009年底	261	89.5	387	145.4
2000-2009增幅	-1.5%	8.2%	8.4%	14.3%

資料來源：營建署

投機需求才是問題重點

很明顯，大台北地區的房屋價格上漲，問題不在供給不足，而是出在投機需求太強，而這樣的投機需求原本可以隨著全球金融海嘯而趨緩，但在政府振興房地產方案，4,000億優惠購屋專案貸款的挹注下，投機熱潮捲土重來，復以去年底適逢景氣回升，在公有土地標售屢創新高的激盪下，如今非僅投機客追奔逐北，一般民眾也急欲跟進，依內政部的《住宅需求動向調查》，今年1月分民眾對台北市、台北縣房價的近期信心分數升逾150分（100分是指看漲看跌各半，150分顯示看漲者遠遠超過看跌者），預期之烈，為歷年少見。

在預期心理沸騰如斯，大台北房價問題已不是經濟問題，已不是用傳統供需道理說得通的問題，而是一個社會心理問題。1932年美國聯準會挹注貨幣供給，卻降低不了市場的利率，如今台灣增加再多的房屋供給，也難以抑制房價，雖然兩者分屬不同的市場，但其間的道理卻是一致的。

經濟學的道理在常態下，泰半能解釋得通，但遇到「非常時期」經常就難以解釋了，因為其間隱涵著高度的心理、文化、習慣、集體行為等因素，絕非單純的「增加供給」就能解決的。群體恐慌的心理如何形成流動性陷阱，而使得1932年的美國貨幣政策失靈，沸騰的投機心理同樣也可能使得今天吳內閣「增加房屋供給」的政策功敗垂成。平抑房價到底該從供給面著手？或需求面著手？答案已是不言自明，歷史經驗告訴我們：「增加供給，絕不是解決經濟問題的萬靈丹。」

在瘋狂的市場之上，若沒有鞍上道德的紀律，這個世界將永無寧日；社會的動蕩、生態的浩劫，也將不會有止息的一天。

工商時報　2010/05/16

離奇的產業關聯

一國哪些產業有火車頭的作用？哪些產業具牽一髮動全身的關鍵地位？經濟學家李昂提夫（W.W.Leontief）所編製投入產出表，為我們提供了一些方向。

投入產出表（產業關聯表）的邏輯相當簡單，例如生產衣服需要紗布，紗布來自人纖，人纖又是產自石油，這些產業同氣連枝，當成衣需求提高，自然會帶動人纖、紡織及石化等產業的景氣。

再如火腿、麵包、糖果及蔬果罐頭等加工食品的原料來自農畜部門，當澳洲乾旱，小麥、蔗糖價格大漲，自然也會衝擊到台灣食品業的生產活動。

產業關聯表具量化功能

這種邏輯上的推演要具體地量化為數字，就得透過產業關聯表，2006年台灣的產業關聯表顯示，當加工食品最終需求增加10,000元，因應這個生產活動就得採購3,600元農產、3,000元畜產，並支付電費480元、水費25元等，總計誘發了32,400元的產值。

從前述例子可以曉得，產業關聯表能解釋石化、人纖及成衣的關聯度，也能估出農產、畜產及加工食品的關係，但卻難以詮釋近日塑化劑風暴所牽扯出來的產業脈絡。塑化劑這個化學材料居然跨入食品、藥品、飲料的生產鏈，超過200家業者、500項產品被捲入這起風暴中，這個「離奇的產業關聯」，我們絲毫無法從李昂提夫的產業關聯表得到答案。

食品、飲料在超市展售當然會用到塑膠等材料包裝，惟兩者的關聯度不可能太大，主計處所編製的2006年的產業關聯表證實了這

個觀點，化學材料對紡織、成衣、橡膠、塑膠及電子零組件的影響（0.37～1.34）遠遠超乎食品及飲料（0.14）。但在現實產業鏈裡，塑化劑與食品、飲料、藥品的關聯度之深，跌破所有人的眼鏡。

歷史的經驗告訴我們，由於人們的投機及謊言，使得許多經濟實況無法從表面的數據得到答案，這份產業關聯表無從解釋塑化劑的產業關聯度就是最好的例證。

各業的產業關聯度

	加工食品	飲料	紡織品	塑膠製品	電子零組件
化學材料	0.141	0.153	0.921	1.344	0.376
金屬製品	0.018	0.115	0.016	0.031	0.023
飲　　料	0.001	1.021	0.000	0.000	0.000
批發零售	0.248	0.137	0.178	0.177	0.137

註：上表係指各部門（加工食品、飲料…）最終需求每增一單位，所誘發的各項（化學材料…）需求。　　資料來源：主計處2006年產業關聯表

市場投機引爆統計危機

雖然近半世紀經濟統計已日趨完整，但由於全球化使得經濟活動日趨複雜，加上投機工具詭譎難測，使得總體指標愈來愈難直搗經濟震盪的核心，這是統計的危機，更是人類道德的危機。

塑化劑風暴告訴我們，人們的自利心固然可以創造市場，但若無道德的約束，瘋狂的自利心將摧毀市場，甚至毀滅人類。從安隆風暴、金融海嘯、三聚氰胺及塑化劑事件可以發現，在人類的貪婪下，市場已成賭場，賭場經濟已取代了市場經濟。

這些年瘋狂的賭場經濟已扭曲了人們的價值觀，「非典」已成主流，從非典就業、非典投資直到今天更已出現非典的產業關聯，再這樣非典下去，人類經濟的崩潰恐已為時不遠了。

工商時報　2011/06/05

註1：產業關聯表，其上的係數顯示兩部門的關聯度，例如紡織品的最終
　　　需求每增1單位，將增加購買化學材料0.92單位，而電子業與化學材
　　　料的關聯度僅0.37、飲料業更只有0.15。

註2：亞當斯密雖認為自利心會被一隻看不見的手引導以創造社會最大利
　　　益，但他在道德情操論一書也感慨：「追求財富的人們時常放棄通
　　　向美德的道路。」

經濟風暴的基因

20年前美國經濟學家巴特拉出版《浩劫1990》一書，預言全球經濟將出現類似1930年代的大蕭條，轟動一時。這些年有關經濟風暴的預言一波接一波，如今又有人預言2013年會再掀起一波金融風暴。

經濟體系裡，每天廠商如常的生產，貿易如常的進行，人們如常的工作，政府建設如常的推動，何以會在平靜無波的地球上每隔一段期間就會出現天崩地裂的經濟風暴？

歷史經驗告訴我們，一切的風暴都是人們過度投機所致，而投機源於貪婪，貪婪源於自利心，這意味著集自利心之大成的市場經濟早已潛藏著風暴的基因。這個基因時而催促了繁榮與成長，時而激盪出泡沫與蕭條，清風朗月下的繁榮隨時會在雨驟風狂後落至蕭條，形成恐慌，轉為風暴。

自利心促進社會繁榮

18世紀荷蘭哲學家曼德維爾認為沒有自利心則社會不可能繁榮，經濟學家亞當斯密更進一步認為自利心可以有效促進社會利益。昔日在道德上備受責難的自利行為，自此反倒成為繁榮經濟的功臣。二戰以來，隨著多邊經貿談判促成了貿易與投資的自由化，集自利心之大成的市場經濟因而得以從理論走到現實。

近半世紀在市場經濟的帶動下，全球貿易量增逾200倍，所得及生活水平也普遍提高，但值得注意的是，所有國家的貧富差距卻逐年擴大，資本市場交易更趨瘋狂。人們的自利心繁榮了貿易，也帶來了熱錢，推升了景氣，也創造了泡沫，至終在群體恐慌下，泡沫在星夜

間成了蕭條與衰敗，這是1997年亞洲金融風暴的寫照，更是2008年金融海嘯形成的原因。

全球外匯市場每日交易量

全球每日交易量	1998年	2001年	2004年	2007年	2010年
依各年匯率計算	15,270	12,390	19,340	33,240	39,810
依2010年4月匯率計算	17,050	15,050	20,400	33,700	39,810
因應貿易需求	110	120	260	800	1,680

註：皆為各年4月統計　　　　　資料來源：國際清算銀行　單位：億美元

熱錢陷經濟於動盪

我們可以觀察一下全世界到底每天流動的熱錢有多少，依據國際清算銀行的統計，去年全球外匯市場平均每天的交易量高達39,810億美元，這些外匯交易和實體貿易有關的僅4％，超過9成的外匯交易全著眼於投機獲利，這些熱錢四處流竄，追奔逐北，時而讓美元狂貶，時而讓日圓狂升，時而攻擊泰銖，時而伏擊歐元，讓全球經濟陷於動盪之中。

全球熱錢這10年來急速成長，自2001至2010年成長了2.2倍，成長速度極為驚人，原本用來協助貿易發展的外匯市場，如今成了熱錢的殺戮戰場，原本用來協助企業籌資的資本市場，如今更成了投機客競相進出的賭場。失控的自利心，讓市場成了戰場與賭場，經濟體系的大起大落也讓景氣循環的週期由過去5、6年縮短為2、3年。

這50多年來的經驗告訴我們，自利心所創造的市場的確讓全球經濟趨於繁榮，但失控的自利心卻給世界帶來災難。安隆風暴、金融海嘯、希臘債信危機、愛爾蘭房市泡沫無一不是如此。市場經濟的本質（自利心）正是風暴的基因，除非人們道德水準提高，否則只要市場經濟繼續存在，風暴就不可能有消失的一天。

工商時報　2011/06/26

註1：哲學家曼德維爾（B.Mandeville）於1714年所寫的《蜜蜂的寓言》一
　　　書指出，律師、醫師、商人不擇手段滿足自己的私利，極盡奢侈的
　　　消費，卻創造了社會的繁榮。
註2：經濟學家亞當斯密在《國富論》第四篇裡也指出，在一隻看不見的
　　　手引導下，人們各自追求各自的利益，往往比他們真想促進社會利
　　　益時，還更有效地促進了社會的利益。

第**3**篇

金融海嘯

是誰把繁榮搞成衰退？

這世界的經濟歷程非得出現衰退嗎？其實有不少經濟學家認為，透過政策的適度調配，是可以避開衰退的，1929年美國知名的經濟學家費雪甚至認為：「美國經濟已進入一個絕無終了的繁榮時期。」但人的力量終究無法扭轉經濟循環，一百多年來，經濟的衰退總是在意想不到時，便粉墨登場了。

經濟歷史一直在擴張、繁榮、衰退、蕭條的循環裡繞來繞去，幾百年來未曾改變，沒有永久的繁榮，也沒有無止境的衰退。簡而言之，一切的循環皆起因於預期，預期菜價走俏，所以菜農們在颱風過後總是大量種植，惟數周後收成時，全國已是菜滿為患，供過於求，菜價慘跌，使得許多菜農泣不成聲，這幕情景年年在台灣上演。

經濟循環的道理，就和蔬菜市場一樣，當大家看好DRAM的需求，紛紛籌資擴廠，景氣一片繁榮，但最後產能開出，總是落個供過於求而使得價格崩盤的局面，景氣瞬時為之蕭條。房地產更明顯，房價一旦走高，建案便如雪片般飛來，待2、3年房子蓋好，起視四境，才發現供過於求，悔之晚矣，房市終於被推進冰河期。

不論是蔬菜、半導體或是房屋市場的榮枯，很大的原因是在於供給與需求之間有數周、數月甚至數年的時間差（time lag），看到今天的需求，拚命種菜、拚命擴廠、拚命蓋房，但待供給出現已是數周、數月、甚或數年後，那時的需求是否如原來的預期已不可知，加上供給驟增，自然使得價格大跌，景氣如何能不重挫？

產業的循環如此，總體經濟循環的法則大致也是如此，當景氣繁榮，在樂觀的預期下，人人消費、買房、投資，這些過度消費的行為，在金融體系奧援下，火上加油，使得總體經濟屢創高峰，但這

終究是南柯一夢，因為當經濟的繁榮是建立在不斷融資、舉債的投機基礎上，繁榮裡早已埋下衰敗的種籽，只待夢醒，經濟榮景即瞬時幻滅，金融風暴便漫天蓋地而來，輕者稱為衰退，重者稱為大蕭條。

用這個產業循環、經濟循環的概念大概可以解釋自1929年以來的經濟災難，1920年代美國家電、汽車產業快速擴張，1914年美國登記的汽車數僅125萬輛，到1929年已到2,650萬輛，激增20倍，每5個美國人就擁有一輛車，美國發明了分期付款制度以創造消費，這個繁榮的年代，其實仍有150萬美國人是失業的，但在金融體系的奧援下，過度投資、過度消費下，家電、汽車、股市空前繁榮，多數股票本益比甚至已高達50倍，這樣的繁榮早已埋下衰敗的種籽，1929年10月底美國經濟終於土崩瓦解，為期4年之久。

近兩次全球經濟衰退

	亞洲融風暴的南韓				網路泡沫加911恐怖攻擊下的美國		
	經濟成長	人均所得（美元）	失業率		經濟成長	人均所得（美元）	失業率
1997年	4.7	11,237	2.6	2000年	3.7	34,759	4.0
1998年	-6.9	7,477	6.8	2001年	0.8	35,490	4.8
1999年	9.5	9,549	6.3	2002年	1.6	36,326	5.8
2000年	8.5	10,888	4.4	2003年	2.5	37,671	6.0

資料來源：主計處

台灣自1987年起股市狂漲，房價騰飛，高度樂觀的預期使得社會借貸炒股、購屋，股市在1990年登上萬點後旋即崩落至3000多點。2000年全球網路科技在「新經濟」的吹噓下，經濟學家認為全球已進入一個高成長、低通膨的時代，全球股市瘋狂大漲，半導體紛紛擴廠，但這又是一次誤判，至2001年全球景氣重挫，台灣出現近50年來首次衰退。

而目前這一波起因於美國次貸風暴的全球金融危機，同樣也是過度擴張的結果，華爾街金融家想盡辦法讓那些買不起房子的窮人買房

子，創造繁榮的假象，這個手法較1920年代猶有過之，這樣靠大量借貸所創造的繁榮如前所言，早已埋下衰退的種籽，如今圖窮匕見，終於釀成全球經濟災難。

這樣看來，經濟的衰退除了肇因於預期的落差之外，部分金融投機業者的推波助瀾要負更大的責任，他們的貪婪把原本經濟週期的小波動，搞成翻天覆地的經濟大蕭條，1929年如此，2000年如此，如今亦復如此。

經濟學家凱因斯在1930年代早已指出：「華爾街正當的社會目的應該是去指導新的投資流入最有利的途徑，但我認為華爾街最有頭腦的人卻把精力用在另一個方向上了。倫敦股票交易所的罪惡之所以比華爾街的罪惡少些，原因不在英美兩國人民性格不同，而在於華爾街過度投機。」

這一波衰退究竟會持續多少年？目前沒有人料得準，但由1998年亞洲金融風暴韓國能快速在1年內復甦、2001年全球衰退又碰上911恐怖攻擊也能在1年內回穩看來，全球化經濟體系顯然發揮了極大的安定效果，依此研判，這一波起自華爾街的風暴，也應可在短期內平息才是。

工商時報　2008/10/05

悲劇，都由貪婪開始

「你們這些吞吃窮乏人，使困苦人衰敗的，地豈不因這事震動？到那日我必使日頭在午間落下，使地在白晝變黑暗，我必使你們節期變為哀歌。」這是2000年前舊約聖經對貪婪者發出的警告，言辭沉重，令人生畏。

然而貪婪者卻無視這樣的警告，這些年華爾街的金融家們明知窮人們買不起房子，卻利用聯準會13度降息的機會，精心設計房貸還款模式誘其購屋，他們虛擬了一時的繁榮，但卻創造了世紀災難，這場災難如同舊約聖經所言，如今各國經濟已無白晝，節慶也變為哀歌。

無法取得房貸市場資金 窮人得忍受高利貸

其實，過去幾年美國房市榮景背後，有300萬戶窮人須咬緊牙關支付高利貸，他們的貸息比一般人高出2到4個百分點。這些窮人所以得忍受高利貸的剝削，是因為他們無法自一般房貸市場取得資金，只好求援於次級房貸，在風險評價的法則下，窮人支付高貸息似乎言之成理，但這公義嗎？

金融家們當然知道，即令美國聯準會在2002年的重貼現率降至0.75％的新低，但外加2至4個百分點後的次貸利率，還是激不起窮人們購屋的熱情，因此便採取「前兩年優惠利率，第3年利率重調」的方式促銷房屋（此即ARMs，利率調整型房貸），此法果然奏效，美國房市空前繁榮，尤有甚者，雷曼兄弟這些投資銀行更將房貸債權包裝成高利的連動債，全球資本市場為之沸騰，但長期而言窮人們支付不了貸息是顯而易見的事，這場遊戲以貪婪開始，便注定了以悲慘

落幕。

　對於這場世紀風暴，有人歸咎於葛林史班在聯準會主席任內13度的降息；也有人指責現任主席柏南克錯估情勢；但究其根本，金融家們以高貸息剝削窮人們的不道德行為，實為釀成巨災的根本原因。

　其實，金融家們對窮人收取高利貸已是普遍的現象，非但美國次貸如此，台灣現金卡、信用卡的貸款亦復如此，2年前雙卡風暴籠罩全台，50萬卡奴陷入絕境，大家赫然發現這些窮人們的卡債貸息高達18％，這麼高的貸息，即令富裕的家庭恐怕都受不了，更何況窮人們，於是以債養債的悲劇不斷上演，最後更形成金融風暴重創台灣經濟。

　許多人不免要問：何以次貸、雙卡的金融業者會忍心對窮人們訂出這麼高的貸息？多數經濟學家可能會告訴你，因為依風險訂價的市場法則，對高風險者自然要賦以高的貸息。惟從近年雙卡風暴、全球金融海嘯重創各國經濟看來，這個市場法則顯然是到了必須重新反省的時候了。

美歐近年央行重貼現率

	2000年底	2001年底	2002年底	2003年底	2004年底	2005年底	2006年底	2007年底	2008年第1季底
美　國	6.00	1.25	0.75	2.00	3.15	5.16	6.25	4.83	3.04
歐元區	5.75	4.25	3.75	3.00	3.00	3.25	4.50	5.00	5.00
英　國	5.98	5.08	4.00	3.00	4.75	4.50	5.00	5.50	5.31

資料來源：國民經濟動向季報　　　　　　　　　　　　　　單位：％

亞當斯密雖強調自由放任，但利率卻主張約束貸息

　令人驚訝的是，今天許多經濟學家談市場、談自由化時，竟冷血到可無絲毫憐憫，這種對市場、自由化的服膺，恐怕連亞當斯密也要自嘆弗如。亞當斯密儘管在所有的經濟事務上都強調自由放任，但在利率這件事上，他卻主張約束貸息上限，他在《國富論》第2篇第

4章裡暢談對利率的看法，他說：「英國的法定利率如果高達8％到10％，由於一般人不願付這麼高的貸息，最後大多數的可貸資金將流到投機者及浪費者的手中，結果將會破壞整個資本體系。」

為此邊沁（J.Bentham）在1787年還寫信給亞當斯密，指責他不尊重市場，但對照今天全球金融海嘯，我們不得不佩服亞當斯密的智慧與先見。

近代經濟學界只要談到古典學派、凱因斯學派便宛如楚河漢界，有一道跨不過的鴻溝，但事實上凱因斯與亞當斯密仍有許多共同信念，利率即是一例，他們兩人都主張抑制高利率。

凱因斯本來就不是盲目相信市場的人，自然不相信利率會自動調整到最適當水準，他於1935年寫成的《一般理論》第6卷談到利率時也肯定亞當斯密，他寫道：「一個賢明的政府所該關切的，是如何藉由法律和習慣，甚至藉由道德律，來抑制過高的貸放利率…，甚至連亞當斯密也深深知道，惟有低利率才會讓儲蓄被引導到真正的投資上。」

凱因斯說：「中世紀教會抑制利率的學說長期以來被學者們嘲笑，但在我讀完相關文獻後，我認為這個學說是值得尊敬並加以恢復的。」撫今追昔，亞當斯密及凱因斯所倡議的經濟哲學或有不同，但其最深處皆有崇高的道德思維，而這也正是華爾街的金融家們及當代所有經濟學者們，所必須好好反思的。

工商時報　2008/10/26

財富集中，
經濟不振的元兇

　　這些年美國企業的執行長年薪動輒千萬美元，這一波全球金融風暴中的要角幾乎個個高薪，雷曼兄弟的伏爾德年薪4,000萬美元，房地美的席隆1,830萬美元，房利美的穆德、美林的賽恩年薪皆逾千萬美元。據赫爾辛基的世界經濟發展研究報告顯示，全球最頂尖1％富翁，即掌握了全球40％的資產。

　　但天底下能像伏爾德、席隆一樣日進斗金的人畢竟不多，這個世界有更多人是每天辛苦工作，僅能賺取微薄薪水餬口。富者與窮者所得差距如此之高，不論是先天稟賦造成的，或是後天的法制、稅制造成的，都是不妥的，因為財富過度集中，不但不符合社會正義，也易引起階級間的對立。

　　財富過度集中，長久以來的討論焦點都集中在公平與正義之間，鮮少有人從經濟成長的角度加以檢視。但根據近百年的統計資料可以發現，財富過度集中經常還是經濟衰退的重要原因。換言之，今天貧富差距所以必須加以改善，不僅是為維護社會正義而已，更是為避免一國經濟落入衰退的循環裡。

　　中國文人雖不甚明白總體經濟學理，但常有寓意深遠的發表，辛棄疾寫道：「千年田換八百主，一人口插幾張匙」，明詩寫道：「任君蓋下千間舍，一身能臥幾張床」。這兩段文字皆在說明一個人只有一張口、一個身子，再怎麼消費，終究有限，萬貫家財集於一人之身，既無處可花，最後只好轉為儲蓄。對於個人而言，多些儲蓄不是壞事，但對於總體經濟來說，儲蓄過多意味著民間消費下滑，民間消費下滑代表商業活動停滯，商業活動停滯再透過產業關聯的牽引，便會使總體經濟陷入全面衰退的局面。

舉例來說，同樣的1億元，由一人獨得，與由1,000人分享，所創造出來的消費效果是截然不同的。一人獨得1億元，能在一年內消費掉1,000萬元已屬難得，其餘90％自然會轉成儲蓄；但若分給1,000人，每人分得10萬元，一人一年內花掉10萬元並非難事，其結果1億元轉入儲蓄的比率恐怕不到1％，這兩種財富分配中，何者對經濟貢獻更大，不言可喻。

　　綜觀歷史，近百年愈是財富集中的年代，商業活動就愈疲弱，泡沫經濟就愈猖狂，龐大的儲蓄非但沒有被導入實質的投資建設，反而被投機者引入股市、房市瘋狂炒作，直到泡沫崩解而後已，財富集中的副作用之大，令人吃驚。

所得差距與儲蓄率

	台灣		新加坡	
	所得差距（倍）	儲蓄率（％）	所得差距（倍）	儲蓄率（％）
1988-1989年	4.8	34.4	9.5	42.3
1998-2003年	5.5	27.1	9.3	40.3
2006-2007年	6.0	29.6	12.9	48.5
	日本		美國	
	所得差距（倍）	儲蓄率（％）	所得差距（倍）	儲蓄率（％）
1988-1989年	4.6	33.6	8.9	14.3
1998-2003年	6.2	26.2	9.8	13.2
2006-2007年	6.4	27.7	11.1	15.4

註：由於各國所得差距調查年度不一致，因此以區間表示，儲蓄率則取1988、2003及2007年資料　　　　　　　　　資料來源：各統計機構

　　1929年美國股市崩盤，有人認為是聯準會貨幣調控不當所致，也有人認為產業發展不均衡所致，還有人認為是信心崩潰所致，但翻開財富分配統計卻發現，在這一波的經濟風暴前夕，美國財富集中程度已經達到空前水準，1％最富有的家庭竟然擁有全美36％的財富，

財富過度集中引發的消費疲弱，加以超額儲蓄瘋狂炒股，長期實質經濟走緩與金融市場狂漲的不對稱走勢，終致信心崩潰，這才是引起這場大蕭條的最根本原因。

財富過度集中是災難的開始，如果再任憑這些超額儲蓄在股市翻雲覆雨，將使財富更急速的集中，貧富差距進一步擴大，從而令一國經濟隨時處於崩潰的險境。近年來全球化生產、加上華爾街衍生性金融商品的投機炒作，已使全球財富快速集中，2007年美國最有錢的前20％家庭已擁有全美一半的收入，比例之高，刷新二戰以來的歷史紀錄，財富急速的集中已為美國經濟敲響警鐘。

我們若以五等分位可支配所得的高低所得差距來觀察近年全球的變化，可以發現近20年來財富集中的情況日趨嚴重，台灣由4.8倍升至6.0倍，新加坡由9.5倍升至12.9倍，日本由4.6倍升至6.4倍，美國由8.9倍升至11.1倍。

而隨著財富日趨集中，各國儲蓄率逐年升高，台灣已直逼30％，新加坡更達48％，連美國也由2003年的13.2％升至2007年的15.4％，顯示隨著財富過度集中，中產階級的消失，民間消費動能已漸停滯，而超額儲蓄追逐股市房市的虛幻榮景，終究要回歸實質面。這些歷史說明，只要財富過度集中，災難必將發生，昔日泡沫的發生不偶然，今日蕭條的出現也不意外。

成長與分配一直是經濟學最重要的兩個議題，每每令人有魚與熊掌不可兼得之嘆，但歸納百年分配與成長的長期關聯性，我們可以發現，一個最好的成長政策必須建立在財富合理的分配基礎上，像如今全球所得差距持續擴大，這便是一個嚴重警訊，若不盡速改善，泡沫與衰退將如影隨形，誰也別想有長期穩定的成長動能。

工商時報　2008/11/09

科技業是該負點
責任的時候了

　　一國產業應由勞力密集逐漸轉型為資本、知識密集,這樣的產業調整歷程,早已是普世公認的法則。惟這一波全球金融海嘯席捲各國,不僅知識密集的金融業為之重創,如今連資本密集的科技業也風聲鶴唳,產業升級帶動風險升級,完全無助於經濟安定,顯然這條產業發展的金科玉律,已面臨嚴峻挑戰。

　　台灣早期以米、糖經濟起家,透過政府的經濟政策,使得明星產業逐漸由食品轉為紡織、塑化、機械,1966年台灣出口第一名的產品是蔬菜水產罐頭、1976年紡織業後來居上、2003年電子資訊產品占出口比率已逾3成,遙遙領先各業,40年來台灣的產業結構的變化完全符合這個普世公認的法則。

　　但如今金融海嘯震撼全球,貝爾斯登、雷曼兄弟、富通、蘇格蘭皇家銀行等美、歐歷史悠久的金融機構全數中箭落馬,台灣由於金融自由化的速度落後,僥倖未有大礙,惟這一波海嘯如今已由金融面蔓延至實質面,隨著美歐消費急凍、世界貿易驟降,台灣這些依賴出口的高科技產業已是哀鴻遍野,請求政府紓困的呼聲近日不絕於耳。

　　近20年台灣的高科技產業一直享有「促產條例」5年免稅的優惠,從2001年直到2003年業者每年繳交的營利事業所得稅有效稅率約在4.2%至7.8%之間,反觀傳統產業卻高達14.1%至21.7%。在如此優越的環境下,半導體及面板產業吸引了逾6成的民間投資、各自創造了兆元產值,占出口比率近3成,高科技看似對台灣貢獻頗大,惟若從生產力的角度來看,可能會得到不同的結論。

　　依據主計處2006年工商普查資料,半導體近20多年所累積的資本存量達2.8兆元,但每一元的資本所創造的生產總額(資本生產

力）僅0.50元，至於面板產業的資本存量短短數年已逾2兆，惟資本生產力也僅0.44元。

反觀紡織業、機械業及汽車製造業三者合計的資本存量1.8兆元，僅半導體產業的64％，紡織業每元的資本可創造出0.65元、機械設備業與汽車業更在0.8元以上，從資本生產力的角度觀察，傳統產業明顯優於科技產業。

製造業2006年重要指標

	平每員工生產總額（千元）	平均每元實際運用資產生產總額(元)	實際運用資產（億元）	僱用員工人數（萬人）	向後關聯係數
平均	5,169	0.64	218,294	269.70	--
傳統產業	4,854	0.77	114,594	182.90	--
非傳統產業	5,833	0.49	103,699	86.80	--
紡織業	3,634	0.65	5,686	11.50	2.51
機械設備製造業	3,149	0.90	8,291	23.60	2.01
汽車及零件製造	4,210	0.81	4,783	9.20	1.88
半導體製造業	7,487	0.50	28,270	18.70	1.50
光電材料及元件製造業	7,139	0.44	20,522	12.70	1.70
電腦電子產品及光學製品	6,326	0.42	31,694	20.80	1.61

註；向後關聯係數為2004年資料　　　　資料來源：工商普查、產業關聯表

再以創造就業機會而言，科技業投入1億元的資本僅能創造約6.4個就業機會，而傳統產業同樣投入1億元的資本卻能創造16.0個就業機會，傳統產業對於降低國內失業率顯然有著更大的貢獻。

非僅如此，許多人可能認為科技產業，顧名思義，應該可以創造出高附加價值才是，事實不然，台灣由於許多核心技術皆掌握在外國人手裡，因此半導體所屬的電子零組件業的附加價值率在去年僅22％，美國同樣的電子零組件產業附加價值率卻在38％至48％之

間，台灣科技業的附加價值率並未優於紡織業、成衣業、汽車業、機械業等傳統行業。

依據中央銀行的國際收支帳，台灣技術輸入的支出逐年升高，去年已逾台幣800億元，這筆權利金的支付多數來自高科技產業，顯示台灣長久以來雖能生產高科技產品，但迄今最核心的技術仍難以自主，而這也正是導致今天高科技產業難以創造高附加價值的根本原因。

此外，再依2004年的產業關聯表觀察，可以發現電子零組件業的「向後關聯係數」高達3.1，看似具有3倍的產業帶動效果，但若僅計國內效果，係數驟降至1.6，顯示電子零組件業近半的關聯效果跑到國外去了，真正帶動國內的效果不高，而傳統產業包括紡織、機械、食品、人纖、鋼鐵、塑膠的「向後關聯係數」皆在2以上。顯然從產業關聯表來看，傳統產業依然略勝一籌。

持平而論，高科技產業在美、歐、日、韓皆取得相當的成就，台灣的科技業雖在政府全力扶植下，如今不論從就業效果、產業帶動、資本生產力與附加價值率看來，皆與政府的投入不成比例。更有甚者，政府傾舉國資源投入科技產業，如今在這一場風暴中，多數業者非但未能發揮穩定經濟的力量，反成為待紓困的大戶，經濟部與經建會為此皆頭痛不已。看看過去20年的成績，政府長年向高科技產業過度傾斜的政策，是到了該痛加檢討的時候了。

工商時報　2008/12/14

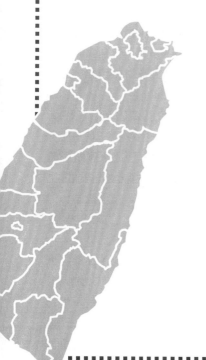

第 II 篇

財政債務

台灣財政的三本帳

　　近日美、歐財政陸續出現危機，標準普爾日前把美國信評展望降為負向，引起全球恐慌，其實台灣的財政情況也好不到哪裡，美國財政狀況不好，一下子就看出來了，但是台灣財政困難，至少得看三本帳。

　　我國的預算制度非常複雜，每年預算赤字多少、債務多少就有好幾個版本，原因就在於政府的預算分別列於年度預算、特別預算及作業基金預算這三本帳。如果只看年度預算而以為我國財政穩健，這實在是天大的誤會。

　　年度預算這第一本帳裡，我國中央政府近3年每年的支出只有1.7兆元，財政赤字只有1,000多億元，但如果把特別預算第二本帳加進來，每年支出升至2兆元，財政赤字達4,000億元，若把政府所屬的科學園區作業基金、交通作業基金、經濟作業基金等非營業基金這第三本帳每年所借的錢計入，政府財政短絀的情況更令人怵目驚心。

預算制度如霧裡看花

　　這樣的預算制度讓人如霧裡看花，非但每年的財政赤字在不同版本間有出入，歷年累積的債務也會因為統計範圍的大小而有差別。若我們只看年度預算這本帳，自然會以為台灣是財政的優等生，債務餘額占GNP比率只有34％，但如果把非營業基金的債務、短期債務加入，這一債務比率早已超過40％，若再把13兆的潛藏債務計入，債務比率已逾100％，我國的財政狀況並沒有比美、歐來得好。

　　我國預算的帳本太多，隱藏了許多財政的真相，以財政赤字這項流量數據而言，有些藏在特別預算裡、有些藏在特種作業基金裡；以

政府債務的存量數據而言，有些藏在特種作業基金裡，有些藏在公保健保勞保等基金裡，若不兼看這三、四本帳，根本不了解台灣的財政情況有多嚴重。

美國今天政府債務達到14兆美元，占GDP已近100％，日本約10兆美元，占GDP近200％，再如歐洲的希臘、愛爾蘭、西班牙及義大利他們的財政狀況不佳，也都是在預算報告上明明可知的，大家知道問題的所在，因此可以趕快撙節支出，檢討稅制，進行財政改革。

各級政府潛藏債務概估

項目	金額
未來30年舊制軍公教退休金	73,341億元
公務人員退撫基金未提撥退休金	15,296億元
勞保年金給付未提存之責任準備	45,715億元
未來35年公保應負擔之給付	1,811億元
各級政府未撥付之健保費	845億元
各級政府未撥付之就業保險及勞保費	620億元
公教優存利息未歸墊款	405億元
總計	138,033億元

資料來源：2009年度中央決算報告

整合帳本讓債務透明

台灣的財政情況由於分別呈現在三、四本帳上，因此真相如何反倒混沌不明，我們的官員經常只談年度預算那本帳，而這本帳占整體政府支出總額僅約40％，這自然無法呈現政府財政的全貌，以此說台灣的財政情況比美、歐來得好，恐怕也難以理直氣壯。

更值得憂心的是，若我們只看這一本年度預算的帳，我們還以為自己財政好得不得了，還繼續年年舉債、大肆降稅、浪費揮霍，這豈不是要釀出更大的財政危機？

歷史經驗告訴我們，可預見的危機不是真危機，真正的危機是那種四海昇平下隱而未現的因子，要解決台灣這場遲早要來的財政危機，惟一的方法就是盡快整合這三、四本帳，讓政府赤字、債務全然透明的呈現在國人面前。

工商時報　2011/04/24

註1：特別預算早年在預算法裡稱為「非常經費預算」，只有出現國防緊急需求、重大災變及緊急重大工程需求時才可舉債籌編，1948年預算法修訂時始更名為「特別預算」。

註2：非營業基金（作業基金）計有科學園區管理局作業基金、營建建設基金、國立大學校務基金、交通作業基金、經濟作業基金等，迄去年這些基金的總債務近6,000億元。

振興經濟？
推升泡沫？

　　凱因斯在其所著的《貨幣論》一書中指出：「金融狀況中某一變化的兩種可能效果，並不一定朝同一個方向發生作用，例如央行增加貨幣供給旨在避免金融流通自工業流通中取走資金，但最後反而鼓勵了股市的多頭走勢，造成了過度投資。」

　　這段話用來形容金融海嘯以來的全球經濟變化，極為恰當。當2008年秋天雷曼兄弟聲請破產所引起的信用急凍，使得全球股市狂跌，繼而貿易萎縮，房市崩潰，失業倍增，生產停滯，為免1930年代的大蕭條重現，美、歐全力為經濟輸血，透過擴張性的財政、貨幣政策為市場注入空前的資金。

股市漲了 經濟仍低迷

　　統計顯示，歐盟所有成員自金融海嘯以來已舉債3兆美元，美國舉債也逾3兆美元，除了藉由舉債以振興經濟之外，美國連兩期的量化寬鬆（QE1、QE2）也釋出了2兆美元，量化寬鬆旨在透過收購投資人不願持有的貸款、債券及公債，將資金注入銀行體系活化貸放市場，以解除市場恐慌，讓經濟回復成長動能，是以不論是財政政策或貨幣政策，用意皆佳。

　　但誠如凱因斯所言，貨幣注入市場後的流向實非人類智慧所能預期，最後是流到生產體系去振衰起敝，或是跑到資本市場去興風作浪，沒人算得準。如今看來，美、歐這筆天文數字的資金對實體經濟的提振作用相當有限，但卻大大膨脹資本市場的泡沫危機。

　　這筆振興經濟的資金注入經濟體系之後，讓美國股市由2009年初的7,182點升至近期的12,505點，也讓同期間黃金價格大漲70％，

銅大漲185％、玉米大漲近1倍、油價大漲近2倍，玉米、黃豆、銀、銅、黃金等初級原料的國際行情皆早已超越海嘯前的水準。

雖然這些初級原料在市場炒得火熱，但迄今美國就業人數依舊比海嘯初期少了500萬人，失業人數則高出400萬人，美國今年第2季的實質GDP比金融海嘯時僅微幅成長，歐盟情況亦然，去年的GDP水準大多還未回到金融海嘯前的水準，近月歐元區的失業率仍高達9.9％，實體經濟依舊低迷。

近三年經濟的泡沫與實際

	2009年	2010年	2011年
美股（D.Jindex）	7,182 （2月26）	10,276 （2月18）	12,505 （7月12）
銅（美元／噸）	3,421 （2月）	7,166 （2月）	9,756 （7月）
玉米（美元／英斗）	3.51 （2月）	3.78 （2月）	6.92 （7月）
OPEC油價（美元／桶）	41 （2月）	73 （2月）	111 （7月）
美國實質GDP（10億美元）	12,641 （2Q）	13,058 （2Q）	13,270 （2Q）
美國失業率（％）	8.2 （2月）	9.7 （2月）	9.2 （6月）

註：美國每季GDP係回推為年資料。
資料來源：美國經濟分析局、勞工統計局、主計處

近兩年全球經濟的金融面與實體面的走勢顯得格格不入，美、歐為經濟體輸血，最後沒有讓實體經濟重返健康成長的軌道，反倒讓熱錢四處流竄使全球又陷入泡沫危機。雖然金融海嘯初期，德、法主張以嚴格的金融規範來建立有秩序的資本市場，以避免重蹈覆轍，但如今有秩序的資本市場何在？熱錢不是依然四處橫行？

債台高築 危機恐更大

　　我們不能說美、歐這數兆美元的振興經濟方案全然無效，因為這些資金確實讓全球暫時沒有跌入1930年代的深淵，但以巨額資金所爭取的2年時間裡，由於美、歐並沒有徹底整頓金融紀律，以致如此輸血僅具揚湯止沸之效，而無釜底抽薪之能，時而泡沫又起，時而蕭條陰影又現，如今全球彷彿又回到2008年，但和2008年不一樣的是，當前各國政府已是債台高築，手上幾已無振興政策的金融與財政工具可用，這恐怕是更大的危機。

工商時報　2011/08/07

註1：經濟循環如同一年四季，當經濟處於衰退的寒冬時，政府可以透過擴張性的財政政策或貨幣政策來刺激經濟，惟這些非常政策只能用於非常時期，否則必釀災難。

註2：1930年代美國總統羅斯福採擴張性的財政政策，讓美國走出大蕭條，戰後各國把擴張性財政政策視為常態，政府債務愈積愈多，終於釀成今天美、歐的債務危機。

全球債務該怪凱因斯？

當2008年底金融海嘯漫天蓋地而來，為免陷入這場百年浩劫，美、歐及多數經濟學家大聲疾呼各國擴大內需，為此美、歐近三年已各舉債3兆美元，如今債務纏身，束手無策，終於引來空前的財政危機。

談到擴大內需就不能不想到凱因斯，1930年當美國陷入蕭條時，凱因斯發表《致繁榮之道》一文，他認為在經濟衰退時，政府可以透過舉債進行建設，在就業乘數帶動下，景氣將止跌回升，至於這個作法所導致的預算失衡，他認為，隨著景氣回升帶來稅收成長，反而有利於長期的預算平衡。

不幸的是，如今在景氣還未完全復甦，稅收也還沒有完全回復之前，美歐債務風暴又起，全球股市連月重挫，匯市大亂，二次衰退之說又甚囂塵上。看看如今各國天文數字的債務，相信一定有人會認為，如果兩年前不採行擴大內需，全球經濟哪會落到這步田地？這豈非是凱因斯害的？

如何舉債 取決政府

事實上，如此責怪凱因斯是不公平的，因為凱因斯只是提出一個振衰起敝的法則，但實際上該舉多少債、該做哪些建設、該如何償債？全是由各國政府的文官們自行籌畫，如此擴大內需而致債務纏身，干凱因斯何事？更何況凱因斯早已提醒擴大內需所衍生的債務，應以繁榮年代的稅收來清償，如此方能維持長期的預算平衡。

台灣的債務也許沒有美歐嚴重，但這10多年來，舉債也不落人後，時而5年5,000億、時而4年5,000億、時而8年800億，由於擴大

內需從研擬計畫到最後執行，總得在行政、立法、招標、發包流程中拖個一年半載，使得振興方案難有立竿見影之效，2000年經濟衰退時如此，到2008年金融海嘯時亦復如此，長期以來政府未能提改善之道，這是文官體系的怠惰，與凱因斯何干？

這10年來各國不論是哪一黨執政，其實都是同一批文官在研擬擴大內需方案，也是同一批文官在進行管考及財務規劃，如果文官體系能把一塊錢當一塊錢用，豈會出現蚊子館？沒有這些巨額的浪費，又豈會導致債務纏身？若沒有連年的債務纏身，又豈會出現如今的財政風暴？

近10年擴大內需情況

	2000～2008年 （民進黨執政時期）	2008～2011年 （國民黨執政時期）
擴大內需概況	2003年5月公布擴大公共建設振興經濟暫行條例584億元	2008年6月立院三讀通過加強地方建設擴大內需方案583億元
	2004年6月公布擴大公共建設特別條例5年5,000億元	2008年12月立院三讀通過振興經濟消費券發放特別條例856億元
	2006年1月公布水患治理特別條例1,160億元	2009年4月立院三讀通過擴大公共建設投資條例，編列4年5,000億元

資料來源：立院預算中心及工商時報

救經濟 關鍵在文官

擴大內需思維看似簡單，但凱因斯認為只有兼具治國藝術的政治家及文官們才能使其淋漓盡致地發揮。遺憾的是，如今包括台灣在內的各國文官，墨守成規者多，具治國藝術者少，照章程辦事者多，有雄心熱情者少，以致幾回擴大內需下來，振興效果杯水車薪，但政府債務已是危如累卵。

面對這一波債務危機，如今大家還在期待美歐拿出靈丹妙藥，惟再好的靈丹妙藥終究得依靠文官體系執行，非亞當斯密、凱因斯之力所能及。

　　試想，當最好的政策落到因循冷漠的官僚體系，豈有可成之期？文官體系不健全，小則一國經濟不振，大則舉世經濟動盪，此理之必然也。

工商時報　2011/09/25

註1：擴大內需的概念，最早見於夢溪筆談《范文正荒政》一文，范仲淹出任杭州太守時恰逢經濟蕭條，他提出「發有餘之財」的法則，大興土木建吏舍，創造數萬就業機會，杭州經濟很快就復甦了。

註2：凱因斯認為在面臨衰退時，必須修正年度預算平衡的僵固性，如此帶動經濟成長後，才能維持多年度的預算平衡。反之，堅持年度的預算平衡必然會造成未來年度的不平衡。

上杉鷹山的啟示

　　18世紀日本江戶時代，米澤藩的財政瀕臨破產，不僅國家窮，人民也窮，人民臉上見不到一絲的笑容，情況之淒涼不亞於今日歐元區國家。

　　米澤藩新任藩主上杉鷹山甫上任即把自己的薪水調降至原來的7分之1，頒布「大儉令」規定人民每餐只能一菜一湯，禁穿絲織物，改穿棉織物。歷代藩主每次由江戶前往米澤藩，為彰顯藩主的威風，總要率領近千人侍衛，上杉鷹山為降低國庫負擔，不講排場，只率領10人，即使被譏為「一群乞丐」，他也絲毫不以為意。

　　他一方面屬行節儉，一方面又引進技術，提升米澤藩農作紅花、苧麻、漆樹的附加價值，同時打破武士不必參與生產活動的傳統觀念。這些改革自然會遭來強大的阻力，但他放下身段以身作則，使得改革理想得以快速實現。

　　10年後，米澤藩成為日本最富裕的地區，1783年日本饑荒，各藩餓死逾萬人，僅有米澤藩沒有餓死半個人。這雖是兩百年前的歷史，但上杉鷹山扭轉財政危機的作為卻仍值得我們參考。

　　今天全球財政皆岌岌可危，希臘、義大利、葡萄牙、愛爾蘭以及西班牙近期都將面臨償債高峰期，未來3個月這五國所須償還的債務高達1,800億歐元，受此影響，全球經濟自年初以來即愁雲慘霧。

　　各國財政並非一開始就這麼糟，就以美國而言，1980年雷根上台之初的聯邦政府債務還不到1兆美元，占GDP僅33％，德、法、英各國的債務比率也在40％上下，而台灣在秉持預算平衡的法則下，債務占GDP比率還不到4％，那個年代，全球財政極為穩健。

　　近20餘年，各國外有自由化的壓力，內有選舉的壓力，前者造

成關稅稅收減少，後者則迫使執政者既得調降所得稅又要增加福利支出，如此一來，政府只能循舉債一途，債務豈有不升高之理？不僅如此，每隔3、4年總體景氣總會趨緩，各國政府千篇一律地總會端出振興方案，振興方案的錢從哪裡來？自然又得舉債，如此10年、20年下來，怎麼可能不發生債務危機？

政府負債比率降至60%以下的預測期程

國家	年度	國家	年度	國家	年度
日　本	2084	比利時	2035	希臘	2031
義大利	2060	美　國	2033	法國	2029
葡萄牙	2037	冰　島	2032	德國	2028

註：政府負債比率指政府債務餘額占GDP比率
資料來源：經建會摘自2010年5月IMD報告

美國如今債務占GDP比率已逾100％，日本更逾200％，德、法、英也都超過80％，台灣也跨越40％，地球上幾乎沒有一個國家例外，依瑞士國際管理學院（IMD）預測，這些國家都得花數10年才能讓財政重返穩健，日本最嚴重，估計得花上70多年才能讓債務比率降至60％。

從上杉鷹山的財政改革，我們可以發現，改善財政除了政府高層必須以身作則厲行節儉之外，提高產業附加價值及人民所得更是關鍵所在。因為只有產業附加價值提高、企業獲利增加、人民收入成長，政府才能獲得更多的稅收，財政才會進入良性循環。在各國財政岌岌可危的此刻，上杉鷹山的改革作為與勇氣，應該可以給我們一些啟示才是。

工商時報　2012/01/29

註1：上杉鷹山發現米澤藩（今日本山形縣）生產的苧麻、紅花都賣至奈良、京都製成高附加價值的布匹、唇膏、染料，因此決定引進技術，生產這些高附加價值的消費品。

註2：日本武士地位崇高，無須參與生產活動，但上杉鷹山要求武士參與生產，他向著武士們說：「什麼是武士的尊嚴？眼看著百姓挨餓受凍卻一點也不在意者，這樣的武士有何尊嚴可言？」

賣地救財政？

在明年預算拮据的情況下，財政部研擬鬆綁雙北市國有土地禁售令。這些位居都市要津的土地相當值錢，賣了確實可以籌得財源，解燃眉之急，但這實在不是改善財政的正道。

我國中央政府一年人事、教育、社福、國防及公共建設等總預算約1.8兆元，加計地方政府花費更高達2.7兆元。要因應這麼龐大的支出，錢從哪裡來？一個健全的財政，政府歲出多數應由稅收來支應，不足之處可以仰賴公營事業繳庫盈餘，萬不得已也可以發行公債應急，頻頻釋股、賣地籌錢可謂下下之策。

稅收不足 賣地成常態

財政是否健全，可以稅收占歲出比率（即賦稅依存度）加以衡量，台灣在1970年代各級政府賦稅依存度為8成，到1980年代仍達7成，近20年由於政府持續減稅，賦稅依存度連年下滑，2010年、2011年已降至61％。換言之，如今政府一年所獲得的稅收僅足以讓政府運作6、7個月，其餘的日子就得靠釋股、賣地、舉債過活。

不用高深的學問都知道，這樣的財政非常不健全，但所以會如此，就是歷來多數決策者既想花錢辦福利，又不敢增稅補充財源，非但不敢加稅，還找出各種名目減稅。這些年所見者是投資可以減稅、買房地產可以減稅、所得稅可以減、金融營業稅與遺贈稅照樣可以減，在選舉政治裡，減稅討好了所有人，但卻形成了難解的財政困局。

近20年政府減稅琳瑯滿目不勝枚舉，1990年促產條例上路，1998年兩稅合一實施，1999年金融營業稅由5％調降為2％，2001

年又把僅存的金融營業稅充作金融重建基金；2002～2005年初土增稅減半徵收，2005年土增稅永久調降三讀通過，隨後更擴大促產條例租稅減免適用對象；迨2009年更將遺贈稅最高邊際稅率由50%降至10%，2010年在朝野降稅競賽下，營所稅一口氣由25%調降至17%。

近20年台灣財政概況

	各級政府歲出 （億元）	稅收 （億元）	賦稅依存度 （%）	賦稅負擔率 （%）
1990年	10,759	8,477	77.2	20.1
1995年	19,101	12,323	64.5	18.0
2005年	22,920	15,313	66.8	13.4
2010年	25,668	15,658	61.0	11.9
2011年	27,586	17,062	61.8	12.8

註：賦稅依存度係稅收占各級政府歲出比率，上表稅收自2002年起扣除金融保險營業稅、健康福利捐。　　　　　資料來源：行政院主計總處

這些年政府持續減稅，使得台灣賦稅負擔率由1990年的20%降至2011年的12.8%，遠低於韓、日、美、歐、中、港、星等國，這個賦稅負擔率幾乎是全世界最低，然而這麼少的稅收如何供應政府龐大需求？自然得靠舉債、釋股、賣地來籌錢。

這段期間受美、歐債務危機的影響，大家視公債如洪水猛獸，政治人物不敢輕言舉債，但不舉債錢從哪裡來？政府窮則變、變則通，不能舉債，那就賣地，在他們看來賣地同樣可以籌錢，因而近日遂有解除雙北市國有土地禁售令之議。

舉債度日 無異殺雞取卵

世人今日都知道政府過度舉債是危險的，事實上政府年年靠賣地、釋股來籌錢也是不明智的，這形同以賣祖產來填補財政缺口，長期為之無異殺雞取卵，將導致政府調節預算的籌碼流失殆盡。

　　府院須明白，解決明年的預算缺口，而為日後釀出更大的財政困局，非智者所應為，只有徹底檢討預算收支，讓賦稅依存度提升至7成以上，才是改善財政的正途。

工商時報　2012/08/19

註1：政府的財政指標中，公債、赤字為外界所熟悉，少有人注意稅收占政府支出的比例，這個比例即「賦稅依存度」，台灣的賦稅依存度已由20年前的7成以上降至目前6成。

註2：政府支出最穩定的財源為稅收，因此稅收占政府支出不能太低，一般而言應該達到70%～80%，太低就顯示政府極度仰賴國營事業繳庫盈餘、舉債、釋股、售地等其他收入。

第 **5** 篇

預測的極限

伊索寓言的燕子

　　伊索寓言有一則和燕子有關的故事，一個窮到只剩下外套的青年人，偶然看到一隻燕子沿著池邊掠過，他研判春天近了，於是賣掉外套換些錢過活，不久寒流來襲，當他看到燕子凍死在地上時不禁嘆道：「不幸的鳥兒啊，你還沒到春天就先出現，不但害死了你自己，也害死了我！」

　　近來人們喜歡以鳥類來比喻景氣，常會聽到官員們以「似曾相識燕歸來」、「春江水暖鴨先知」來形容經濟復甦的景象，這些詩句生動地描述出大自然的循環法則，然而伊索寓言提示我們：法則也有例外，須謹慎研判才不至於上當。

數據與現實 有落差

　　經濟學家近年來最容易被挑戰的就是他們所做的預測，攤開這些年各大機構的預測，經常可看到燕子已在他們的數據中穿梭，但沒過多久，景氣寒流即漫天蓋地而來，數字中的春燕嗚呼哀哉，那些相信預測而投入市場者，最後的下場就像伊索寓言的青年人一樣。

　　遠的不提，就以2008年由美國次貸危機所掀起的金融海嘯，年初時多數預測機構都持較悲觀的看法，4月分國際貨幣基金（IMF）甚至指出美國可能面臨衰退，但在美國聯準會採取積極的救市措施後，經濟略有好轉跡象，IMF旋即於6、7月調升全球、美國及歐元區的經濟預測。

　　IMF在4月預測美國經濟成長只有0.5％，到7月調高至1.3％，IMF在6月的報告說：「美國經濟放緩程度已不如原先那樣令人擔心」。差不多同個時候，多數預測機構都好像看到春燕一樣的調升美國經濟

成長，全球知名的環球透視（Global Insight）更把美國經濟成長率調升至1.6%。

春燕真的來了嗎？並沒有。相反的，經濟風暴正蓄勢待發，但自5月以來美、歐相繼都傳出一些好消息，德國首季經濟成長（季增率）1.5%，創下近12年來新高，而歐元區首季經濟表現也優於預期，看到這些數據，難怪會有這麼多人以為春燕已來。

2008年經濟成長預測與實現

	2008年4月預測		2008年7月預測		實際數
	環球透視	IMF	環球透視	IMF	
全　球	3.0	3.7	3.2	4.1	1.8
美　國	1.2	0.5	1.6	1.3	-0.3
歐元區	1.4	1.4	1.5	1.7	0.4

資料來源：歐盟統計局、美國經濟分析局、經建會、主計處　　單位：%

景氣多變 預測春燕更難

在2008年這個關鍵時刻，台灣多數預測機構也轉趨樂觀，行政院主計處在5月認為雖有次貸危機影響外貿，但基於台灣出口至新興市場的比重增加，加上股市表現仍佳，於是調高下半年的經濟預測，全年經濟成長也由4.32%上修至4.78%。

彼時不少國內研究股市的專家還樂觀地看待第3季，認為可以加碼股市。若身處當時，忽而有美、歐經濟成長上修的消息，忽而有台灣經濟調高的佳音，再聽聽股市專家的談話，多數人總會以為次貸危機已漸平息，春燕已經回來。但從事後的發展可以了解到，2008年5月至7月所飛來的春燕，正是伊索寓言那隻未依時節先到的燕子，嚴冬的風雪終於在兩個月後，也就是9月底席捲全球。

2008年美國經濟成長率實現值為-0.3%、歐元區為0.4%、台灣也只有0.73%，與年中的樂觀已無法聯想在一起。

由2008年的經濟變化可以發現，如今大自然風霜不時、旱澇兩極、加以熱錢橫流的年代，經濟預測要準，實屬不易。

工商時報　2011/11/06

註1：蘇東坡為惠崇春江晚景圖題的詩：竹外桃花三兩枝，春江水暖鴨先知，蔞蒿滿地蘆芽短，正是河豚欲上時。

註2：晏殊所填的《浣溪沙》：一曲新詞酒一杯，去年天氣舊亭台，夕陽西下幾時回，無可奈何花落去，似曾相識燕歸來，小園香徑獨徘徊。

天若有情天亦老

日本這場大海嘯不僅吞沒人類的文明，更讓數萬人失去至親，數十萬人流離失所，百年的蕭條，世間的悲嘆一夕之間全傾注於宮城、岩手及福島三縣，全球經濟及核電前景也為之震盪不已。

前不久，紐西蘭基督城也發生地震，超過百人罹難，南美玻利維亞連日豪雨，四百戶民房遭掩埋，雲南盈江縣大地震，也有百人死傷。隨著災難紛至沓來，春節前揚眉兔氣的喜悅，已然消失殆盡，如今反倒生出幾分兔死狐悲的恐慌。

大自然災害愈來愈猛烈

近年大自然的災難愈來愈密集、愈來愈猛烈，地球除了西歐之外，幾乎無處不震。2003年底伊朗巴姆古城地震，2萬人喪生，2004年底南亞海嘯，20萬人罹難，2005年初蘇門答臘強震也造成兩千人死亡，2008年中國汶川大地震更將六鎮六鄉震得面目全非，死傷不計其數，哀哀之聲，不絕如縷，較之日本宮城強震，猶有過之。

去年初海地芮氏規模7強震，連總統府都被震倒，大家應該記憶猶新，估計罹難者超過10萬人，哭喊嚎啕之聲不絕於耳；1個月後規模8.8的強震降臨智利，逾百萬間民宅重創，極目所視，房屋化為瓦礫，街景盡是廢墟，由於智利是銅與紙漿的生產大國，相關原物料行情隨之走高，全球通膨壓力驟升。

大自然災難除地震海嘯，還有颱風豪雨，2005年秋天卡崔娜颶風直撲美國紐奧爾良，該市50萬人口撤走大半，卡崔娜讓搭空軍一號的總統布希嘆道：「全毀了！」估計至少有1,200人在這一颶風中罹難。

　　台灣地震、颱風、土石流樣樣都有，2009年莫拉克颱風帶來的豪大雨、土石流淹沒了小林村，重創南台灣造成600多人喪生，千棟房屋倒塌，災情超乎預期。另外菲律賓雷伊泰島的土石流、美國佛羅里達州的龍捲風、莫斯科的積雪、印度的百年大旱、多明尼加的暴雨每每造成慘重的傷亡，人們終日惶惶之影、暗夜飲泣之聲，幾已上達於天。

近年全球重大災難

時間	災難	傷亡
2003年12月	伊朗南部巴姆芮氏規模強震6.7	逾2萬人死亡
2004年12月	南亞強震芮氏規模8.9海嘯襲印尼、斯里蘭卡、印度等國	斯里蘭卡約有150萬人無家可歸，各國罹難者總計逾22萬人
2005年 9月	卡崔娜颶風侵襲美國紐奧爾良市	至少1,200人罹難
2008年 5月	中國四川省汶川發生芮氏規模7.8強震	7萬人死亡，1.8萬人失蹤
2009年 8月	莫拉克風災豪雨	600多人死亡，千棟房屋倒塌
2010年 1月	海地芮氏規模7.0強震	海地官員估計至少21.7萬人罹難
2010年 2月	芮氏規模8.8強震襲擊智利	罹難人數逾300人，150萬棟民宅倒塌或嚴重受損
2010年 4月	中國青海出現芮氏規模7.1大地震	玉樹縣9成建築倒塌，400人死亡，上萬民眾受傷
2011年 2月	紐西蘭基督城芮氏規模6.3地震	166人罹難，上百人困在倒塌建築內，經濟成長降低1.5個百分點
2011年 2月	南美玻利維亞連日豪雨	400戶民房遭掩埋
2011年 3月	日本東北宮城縣發生芮氏規模9.0大地震海嘯	逾1萬人罹難，1.7萬多人失蹤

資料來源：歷年各報的報導

近8年奪走逾40多萬條人命

不要談人類挑起的戰火，僅大自然的災難在近8年間就奪走了40多萬條人命，若加計失蹤者及受傷者，絕對在50萬人以上，其中有還在襁褓中的嬰兒、有天真的小孩，他們在懵懂無知的年齡就結束了一生，何其可悲。

唐朝李賀曾以「衰蘭送客咸陽道，天若有情天亦老。」描述上天不忍目睹盛衰無常的現象，看到昔日繁華而今日落寞，連銅造出來金銅仙人也為之落淚。李賀想像力實在豐富，若說金銅仙人看到繁華落盡就流淚的話，那麼當他們看到宮城地震、南亞海嘯、汶川強震，數十萬人流離失所、失去至愛，這些金銅仙人在今日的眼淚要流到何處才能止住？

天若有情，看到如此悽慘災難、滄桑人世，聽到痛失親人的哭聲、失去家園的吶喊，豈能不哀傷而衰老？是到上天伸出援手，止住災難的時刻了。

工商時報　2011/03/27

註1：《金銅仙人辭漢歌》：茂陵劉郎秋風客，夜聞馬嘶曉無跡，畫欄桂樹懸秋香，三十六宮土花碧。魏官牽車指千里，東關酸風射眸子，空將漢月出宮門，憶君清淚如鉛水。衰蘭送客咸陽道，天若有情天亦老，攜盤獨出月荒涼，渭城已遠波聲小。

註2：地震與海嘯摧毀公路、橋樑、民宅的經濟損失極為可觀，1995年神戶大地震災損1,000億美元，2010年智利規模8.8強震損失約300億美元，本次日本宮城大地震災損估計約3,000億美元。

台灣超越日本了嗎？

國際貨幣基金（IMF）日前發布預測，直指台灣以購買力平價（PPP）計算的每人GDP，今年將達34,743美元，超越日本的33,828美元。

超越日本？許多人不敢置信。因為台、日的所得水準，向來差距頗大。要明白這個問題，得先談一下PPP與匯率的關係。

一般而言，每人GDP是用匯率折算而得，例如去年台灣每人GDP是5 4萬元台幣，除以匯率33.0後，即為1.6萬美元。1.6萬美元連在四小龍裡都是敬陪末座，如何能與日本近4萬美元相提並論，難怪台灣超越日本的消息傳出，立時引起各方懷疑。

但在此我們必須思考一個問題，用匯率換算出來的所得水準合理嗎？許多人都有經驗，像瑞士、法國、日本這些國家，雖然所得很高，但物價昂貴，吃個麥當勞就得花12塊瑞郎（約台幣300多元），所得雖高，但實際所享有的購買力遠不如表面數字這麼風光。於是世銀、 IMF等機構長期以來一直致力於購買力平價（PPP）的估計，希望能跳脫匯率的表象，以瞭解各國的真實生活水平。

什麼是PPP？概念上是指在美國以1美元買到的東西，在台灣、南韓、日本等國家要花多少當地貨幣才買得到。如果2009年在美國1美元買到的東西，在台灣得花17元台幣、韓國得花780韓元、日本得花114日圓，台灣的PPP即17、韓國的為780、日本的為114。由此可知，以PPP 取代匯率所折算的各國人均所得，應該會比較接近人們的感受。

這個道理不難理解，但問題來了，PPP該如何估計？我們知道東京、日內瓦的東西很貴，但總得把感覺給量化才行。2005年世界銀

行進行了一次國際比較計畫（ICP），就255項商品及服務訪查了146國，最後得出各國的購買力平價指數（PPP），揭開了各國物價水準的秘密。

2009年各國PPP（購買力平價）相關指標

	美國	中國	日本	南韓	台灣
每人GDP	45,934	3,734	39,740	17,074	16,372
每人GDP（PPP）	45,934	6,778	32,554	27,938	31,775
匯率	1	6.83	93.5	1273	33.0
PPP指數	1	3.76	114.2	780	17.0
相對價格水準	100	55	122	61	52

資料來源：IMF　　　　　　　　　　　　　　　　　　單位：美元

依據2005年的調查，冰島是全球物價最貴的國家，瑞士第4，日本第10、美國第21、南韓第29、台灣第48。台灣由於物價相對便宜，因此用PPP換算出來的每人GDP高達26,069美元，已超越南韓的21,342美元，但與日本的30,290美元仍有段距離。

世銀將於明年進行新回合的調查，但在此之前，2006年～2010年的PPP，就得靠推估，依據IMF日前的推計，去年台灣由於物價下跌，台幣的購買力提高，2005年花19元台幣買到的1美元產品，去年花17元即可，因此PPP每人GDP升逾3萬美元。至於今年，估計PPP升至16.8，台幣的購買力更上層樓，於是PPP每人GDP升至34,743美元，一舉超越了日本。

那麼，台灣的所得水準超越日本了嗎？從PPP的觀點看來，確實如此。但這其中有兩點必須注意的：第一、2010年的PPP是推估值，不像2005年世銀是調查的數據，看待推估值宜審慎些才好；第二、PPP無法衡量無形的環境品質，日、歐物價昂貴固然降低了他們的購買力，但他們所享有的好山好水、都市美學、文化饗宴卻也是我們難以企及的。

台灣超越日本了嗎？客觀的說，還有段不小的距離。

工商時報　2010/10/31

註1：PPP雖不宜做為最適匯率目標，但以PPP所算出的所得，卻較能反映
　　各國實際購買力，去年中國的PPP為3.76，自不可能指人民幣匯率應
　　升至此一水準，惟以3.76所折算的人均所得6,778美元，確實較能反
　　映大陸民眾的所得水準。
註2：瑞典經濟學家卡塞爾於1916年提出購買力平價（PPP）理論，以各國
　　相對價格變化來解釋匯率的變動。不過，由於匯率深受價格之外的
　　因素影響，因此實際匯率走勢與PPP經常背離，以PPP做為最適匯率
　　的目標並不恰當。

政治與經濟

振興經濟沒有萬靈丹，
問題出在執行力

　　面對經濟衰退，過去有許多學者為文批判政府政策的失當，隨著政黨輪替他們入閣後，面對這些問題時，同樣一籌莫展，近日又有一些學者批評馬政府的政策如何如何不智，但這些學者果真有解決景氣衰退的靈丹妙藥嗎？這世界果真存在更高明的振興經濟政策嗎？值得一探。

　　美國首位獲諾貝爾經濟學獎的薩繆爾森（P.A.Samuelson）在1973年秋，正值停滯通膨發生之際曾發表評論指出：「停滯通膨這個問題，就算尼克森總統和他的顧問在大衛營研商7天，也不可能找出辦法，不但如此，即使自長春藤名校、蘇黎士銀行找出最優秀的經濟學家，組成專案小組，也一樣無解。停滯通膨恐怕只能在一段時間隨著經濟停滯後，獲得改善。」

　　薩繆爾森非常誠實地承認，經濟理論確實已遇到瓶頸，這些問題一時之間實在找不出解決之道，這不是誰的理論高明、誰的模型漂亮的問題，而是面對多變的全球經濟，經濟理論有時而窮。誰也無法責怪政府老是用一些降息、減稅及擴大內需的老方法，因為這些年來確實沒有新方法。試想美國擁有30位以上諾貝爾經濟學獎得主，如果有新方法，他們不會用嗎？何以直到今年年初布希政府所能採行的振興方法依舊是減稅、降息這幾招。

降息、減稅及擴大政府支出，已是老把戲

　　其實，自二戰以來美、日、歐各國政府紓解衰退的方法，無非就是降息、減稅及擴大政府支出這三種方式。日本自1992年景氣走緩以來迄今所提的振興景氣預算已逾百兆日圓，其中橋本、小泉、福田

康夫的振興方案，甚至超過10兆日圓，惟振興效果並不顯著，深究其中原因，情勢判斷的疏誤、漫長的行政立法程序，皆是導致失敗的重要原因。

舉例來說，1998年4月首相橋本龍太郎提出16兆日圓的振興方案，但這個振興方案直到1998年11月才由繼任首相小淵惠三編訂預算，最後發包實施的時間大概已是1999年了，千萬疲困之民渴望振興方案如大旱之望雲霓，但這甘霖卻在一年半載後才落下，如此豈能有成？

國內外幾次著名的振興方案

案例	執行結果	執行延宕的原因
1998年4月日本橋本提出16兆日圓振興方案，至1999年才執行	1998年經濟成長-1.1%，1999年0.1%，2000年2.8%	橋本辭首相，小淵繼任，加上行政立法程序冗長
1998年8月台灣提出擴大內需方案1000億元，至次年6月才執行	1998年經濟成長4.6%，1999年5.4%，2000年5.8%	中央與地方行政、議會審查程序費時過久
2000年底經長林信義發現景氣反轉，期間曾召開經發會，直到2002年底才提出擴大內需方案，次年6月執行	2001年經濟成長-2.2%，2002年4.6%，2003年3.5%，2004年6.2%	（1）對景氣衰退的誤判，直至2001年上半年官方統計依舊過於樂觀（2）朝野爭議，使得其間幾次擴大內需未能實現，漫長的行政立法程序依舊是根本原因
2008年5月政院提出1000多億的擴大內需方案，迄今尚待地方議會審議	2008年7月景氣亮出藍燈	中央、地方審查曠日費時，依舊是根本原因

資料來源：歷年工商時報

第六篇 政治與經濟

　　然而這並非日本政府效率特別差，而是這類擴張性的財政手段，必須經中央、地方及國會層層審查後才能執行，惟景氣提振急如星火，行政程序卻慢如牛車，終致振興方案每每功敗垂成。

　　再如1998年秋台灣景氣重挫，知名企業頻傳跳票，8月分行政院提出1,000億元的擴大內需方案，期望提振景氣，這一預算雖順利於年底前獲國會通過，但等所有地方議會審查通過已是次年6月了，從認知景氣下滑，到振興計畫付諸實施竟耗費10個月之久，政策緩不濟急，由此可知。行政程序的延宕，往往使暖流拖延一年半載才進入經濟體系。

　　2000年底經長林信義預言苦日子將到，景氣寒冬果然漫天蓋地而來，其間政府雖宣布採取「8100」方案擴大內需，但遲至2002年底才推出明確的擴大內需方案，而直到2003年中700多億元的預算才獲立院通過，從認知景氣下滑到預算執行，前後超過2年，難怪擴大內需方案難收立竿見影之效。

　　擴大內需的目的是希望在景氣寒冬時，挹注些暖流進入經濟體系，以降低民生痛苦，但是由於行政程序的延宕，暖流往往得拖延個一年半載才能進入經濟體系，待預算到位時，有時景氣已重創難解，有時則已進入復甦期，此刻資金的挹注，非但不是雪中送炭，反倒是火上加油，大大加劇景氣的波動。

　　馬總統就職後不到一周，即以迅雷不及掩耳的速度提出千億元的擴大內需方案，顯見新政府已預知景氣轉疲，惟3個月過去了，這個振興方案還在等待地方議會審查，倘中央、地方行政效率能高一些，千億預算能及早注入經濟體系，7月的景氣藍燈何致出現？

　　面對景氣衰退，自1932年凱因斯發表《致繁榮之道》提出擴大內需的方法後，近60年來各國因應景氣衰退的作法無非是減稅、降息、擴大政府支出，這些方法容或有些許差異，但並無特別高妙之處，惟以近50年執行結果看來，有些國家用之能轉危為安，有些國家卻蕭索依然，其成敗關鍵繫於政策執行的效率，誰能讓振興方案快速執行，誰就能成功，而同樣方案如果像老牛拖車一樣地在官僚體系裡跑程序，這便註定了失敗的命運。

工商時報　2008/09/07

政治成敗轉頭空
重振經濟留青史

　　三國演義以《西江月》一詞對歷史人物的起落做了一個總評，這首詞寫道：「滾滾長江東逝水，浪花淘盡英雄，是非成敗轉頭空，青山依舊在，幾度夕陽紅。白髮漁樵江渚上，慣看秋月春風，一壺濁酒喜相逢，古今多少事，都付笑談中。」

　　今年2月，統治古巴近半個世紀的卡斯楚宣布辭去總統一職，他認為自己高齡81歲，體力已無法負荷，如果還抓著權力不放，將違背了自己的良知。這位被視為二戰後共產世界頭號強人的卡斯楚再怎麼厲害，依然敵不過歲月，終於告別政治舞台。

英雄也有下台謝幕的一刻

　　歷史中再偉大的英雄，縱有舉世無匹之功，還是有下台謝幕的一刻，只是有人豁達，下台後令人無限懷念，有人戀棧，終致倉皇流亡聲敗名裂。帶領英國歷經二次大戰的英國首相邱吉爾，算是豁達的人，1945年他打贏了二戰，卻打輸了選戰，他向妻子說：「這或許是一件偽裝成壞事的好事」，6年後他再度成為英國首相。

　　曾在1980年代與美國總統雷根合作共同結束冷戰的蘇聯領導人戈巴契夫，於1990年獲得諾貝爾和平獎，聲望正隆，未料在次年即遭蘇共保守派勢力軟禁，蘇聯解體，戈巴契夫的英雄事業也就此畫下句點，這些年戈巴契夫興起辦報的念頭，從呼風喚雨到成為一個報人，戈巴契夫也算是豁達吧！

　　美國總統尼克森因水門事件而下台，遙想1972年選戰，尼克森在全美50州囊括48州的風光，2年後竟然倉皇走人，他任內訪問中國、終止越戰的榮耀在轉瞬間灰飛煙滅，從此黯然餘生。而英國首相

柴契爾夫人，是二戰後任期最長的英國首相，任內大刀闊斧進行國營事業改革、人頭稅改革，並反對加入歐元，柴氏對於改善英國經濟體質貢獻極鉅，但終究因風格強悍、閣員反彈、民意支持率重挫而被迫下台。

　　不論是邱吉爾、戈巴契夫、尼克森或柴契爾夫人，雖然都意外地走下政治舞台，但他們任內對國家社會的貢獻皆可載入史冊，惟這個世界還是有許多總統任內建樹無多，又任令官僚體系貪腐成風者，最後只落個倉皇下台，前菲律賓總統馬可仕被百萬民眾轟出總統府、前喬治亞總統謝瓦納茲狼狽逃出國會、前韓國總統全斗煥及盧泰愚則皆因貪瀆收賄聲名全毀鋃鐺入獄，此外匈牙利總理賈爾契沙尼捏造不實經濟數據、芬蘭總理傑伊騰瑪姬也因說謊雙雙遭到逼退。

近60年知名政治人物退出政壇

年代	政治人物	備註
2008.2	古巴總統卡斯楚	因高齡體力無法負荷，自行請辭
2003.11	喬治亞總統謝瓦納茲	經濟毫無起色，半數民眾活在貧窮線下，被迫下台
2001.7	印尼總統瓦希德	被人民協商會議罷黜
1996.8	韓總統全斗煥、盧泰愚	涉貪污、光州鎮壓民運被判重刑，囚禁兩年後特赦
1991.12	蘇聯領導人戈巴契夫	改革開放遭蘇共保守派反對軟禁，旋下台
1990.11	英國首相柴契爾夫人	推行人頭稅，引發民怨及黨內分裂，自動請辭
1986.2	菲律賓總統馬可仕	百萬菲律賓人抗議總統貪污要求下台
1974.8	美國總統尼克森	因水門事件，引咎辭職
1945.5	英國首相邱吉爾	二戰後首次大選意外失敗

資料來源：邱吉爾傳、美利堅千年史等

99

上台歡樂轉眼成下台悲傷

　　從1945年邱吉爾落選至2008年卡斯楚下台，全世界政治人物幾番起浮，上台的歡樂很快轉成下台的悲傷，得勝的風光瞬時成倉皇的流亡，昨日還在高峰會今日已成階下囚，但即令政海如此洶湧、往下跳者依舊絡繹於途，此情此景令人不勝唏噓。

　　台灣本周即將大選，藍綠對決風聲鶴唳，參選人及群眾激情不已，有理性者所剩無幾，想想近60年來如夢如幻的各國政壇，其實勝選者無須太快樂，失敗者也無須太悲傷，選上者若想到國家經濟疲困如斯，肩上擔負責任如此重大，何樂之有？落選者若想到此後可優遊山林，為文論述成一家之言，又何須憂傷自責？

總統應有轉移時代的勇氣

　　台灣這些年來經濟確實不行，政治考量凌駕經濟專業，國會裡政治情緒無聊的爭論取代了理性的問政，文官體系隨聲唱和更是失責失靈失態，這樣的大環境使得近7年平均民間投資成長率落至3.5％的歷史新低，與1990年代逾10％的成長率有霄壤之別；近7年民間消費平均年增率2.4％更遠遠低於過去6％的水準；民眾薪資增幅近7年平均成長1％也遠低於過去近4％的增幅。此外若非有20多萬新增攤販，台灣的失業率早已不知升至何種地步？台灣民生的痛苦，於此可知。

　　總統任期不過4年，即使連任也僅8年，在人生歲月裡如白駒過隙，放在歷史的長河裡更不足為道，如果唯唯諾諾過8年，百年後無人記憶，只成為喝茶談笑的題材，但若能堅持理想，慨然有轉移時代的勇氣，以解決台灣經濟困局為己任，那麼雖然只有8年，重振台灣經濟的故事也將永載史冊。

工商時報　2008/03/16

動盪的內閣，動盪的經濟

　　西元前6世紀春秋時代，鄭國子產執政第一年，民怨甚深，當時民間傳唱：「取我衣冠而褚之，取我田疇而伍之，孰殺子產，吾其與之。」三年後民意完全改變，民間傳唱著：「我有子弟，子產誨之，我有田疇，子產殖之，子產而死，誰其嗣之？」

　　子產執政第1年竟可以做到讓民眾如此痛恨他，實在不容易，換成今天，必定得下台，但幸好鄭國高層支持他，沒叫他下台，因而得以展現治國長才，3年後的施政成效終獲民意肯定，當時雖沒有報紙，但子產聲名卻很快地傳遍各國，連身在魯國的孔子也大表推崇。

　　這段記載在《左傳》的歷史，說明民意如流水，民不可慮始而可樂成，執政者應該了解民意，但卻無須樣樣追隨民意。堅持一個正確無私的政策，或許暫時會為民眾誤解，但長期必將為民意所理解而歡迎、推崇。

　　遺憾的是，今天台灣就算有子產，恐怕也得不到高層的支持，在他還沒展現施政成效前，就會被所謂的民意給淘汰出局，但這樣一味迎合民意是對的嗎？當然不對。這些年執政者的政策只知迎合民意，於是減稅、發放津貼、補貼貸息此起彼落，而國土計畫、健全財政等許多長期該做的事則瞻前顧後、投鼠忌器，民進黨執政的8年如此，如今國民黨執政了，亦復如此。

　　民主政治雖是人類文明的一大進步，但由於政治人物慣以短期利益吸引選票，因此所留下的後遺症不小。選舉非但創造了短視的政策、更創造了短命的內閣，我們以2000年為分水嶺，在此之前內閣任期極長，是以能規劃長期發展策略，孫運璿這一任閣揆當了6年，俞國華5年，蕭萬長也將近3年，自2000年民進黨執政後，多數閣揆

的任期只有1年多，去年國民黨再次執政，遺憾的是，劉兆玄這一任閣揆也只做了1年3個月。

台灣近30年在內閣穩定的年代，民眾的平均實質薪資（月薪，以2001年CPI折算）快速成長，而內閣動盪的年代則不升反降。第一個10年（1981到1990年）由15,997元倍增至31,393元，第二個10年（1990至1999年）由31,393元升至41,417元，第三個10年（1999至2008年）由41,417元降至41,142元。

歷任閣揆的經濟表現

閣揆	就任期間 （年）	執政最後一年 每人平均實質薪資
孫運璿	1978 - 1984	19,268元
俞國華	1984 - 1989	28,560元
李　煥	1989 - 1990	31,393元
郝柏村	1990 - 1993	36,735元
連　戰	1993 - 1997	39,738元
蕭萬長	1997 - 2000	41,934元
唐　飛	2000 - 2000	41,934元
張俊雄	2000 - 2002	41,751元
游錫堃	2002 - 2005	42,156元
謝長廷	2005 - 2006	42,378元
蘇貞昌	2006 - 2007	42,579元
張俊雄	2007 - 2008	41,142元
劉兆玄	2008 - 2009	38,881元

註：實質薪資係以2001年CPI折算，2008～2009年全球發生金融海嘯
資料來源：行政院、主計處

由此可知，動盪的內閣終將帶來動盪的經濟，表面上迎合民意又減稅、又補貼貸息好處不少，但至終在總體經濟停滯下，反而沒有任何一個人獲得好處。

除了總體經濟因內閣動盪而停滯，執政者為求勝選只追求4年內

第六篇　政治與經濟

有效果的政策，而不願追求數10年、甚至百年有益的政策，於是台灣樓愈蓋愈高但都市愈來愈醜，產品層級愈來愈高但獲利愈來愈低，政府愈來愈闊氣，但財政愈來愈險峻。歷史的經驗告訴我們，一個只會向短期民意傾斜者終將失去長期的競爭力，從而形成一個沒有文化資本、沒有經濟資本、沒有社會資本的荒漠。

台灣如今已落入這樣的惡性循環，去年囊括近6成選票的馬總統，理應可以大刀闊斧進行改革，規劃長期發展政策，但鑑於4年後連任的壓力，一切政策的訂定、閣員的任命又得著眼於短期的民意，這也就難怪台灣的稅改永遠停滯不前、國土保育永遠是紙上談兵，而滿懷熱血的閣員終究註定要壯志未酬。

看看這次內閣改組，曾經滿懷理想進入內閣的經建會主委陳添枝、經長尹啟銘，兩人皆揮揮衣袖告別內閣，令人不勝感慨，不禁讓人想到范仲淹《漁家傲》一詞：「塞下秋來風景異，衡陽雁去無留意，四面邊聲連角起。千嶂裡，長煙落日孤城閉。濁酒一杯家萬里，燕然未勒歸無計，羌管悠悠霜滿地，人不寐，將軍白髮征夫淚。」

宋朝重內輕外，致將不知兵、兵不知戰，每戰輒敗，范仲淹駐防邊塞，表面困於西夏，實則困於朝廷，壯志未酬，遂有「將軍白髮征夫淚」之歎。遙隔千年，今天這些揮別政壇的閣員們，也只能在歷史的長河裡與范仲淹共掬一把憂國的清淚。

工商時報　2009/09/14

開會能救經濟嗎？

政府近日成立財政健全小組，準備在全台各地舉行座談會，重新檢視當前稅制。回顧近10年政府開過的全國會議，不下10餘場，獲得的結論超過2,000項，但由於沒有貫徹的決心，收效甚微，最終只是讓官方檔案室多了幾本結論報告而已。

這10年政府所召開的全國經濟會議之多，足可讓台灣名列「亞太會議中心」，官方只要碰到問題，就想到召開大會，2000年底召開全國知識經濟會議擬以10年發展為目標，將台灣建設成新興產業創業樂園；2個月後又開一次全國經濟發展會議，獲得百項結論並提出行動方案，10年過去，大家不禁想問：產業創業樂園何在？

政策反覆嘆為觀止

2001年夏天，政府又大張旗鼓召開經濟發展諮詢會議（經發會），這次會議足足開了2個多月，也得出322項共同意見。當年總統陳水扁還宣示將以「三個決心」和「一個貫徹」執行會議結論，惟兩岸經貿朝「積極開放，有效管理」的共識於4年後竟成了「積極管理，有效開放」，政策如此反覆，實令人嘆為觀止。

經發會除了討論兩岸、產業、投資，也討論財政，並決定成立「財改會」進行稅改，以讓台灣於未來5～10年達成財政平衡，於是財改會又開了1年的會議，並且得出21項改革措施。但8年過去，台灣的預算赤字不減反增，財政平衡依然遙不可及。

2008年政黨輪替之後，行政院再度召開賦改會，為期1年半的會議雖然又獲得83項決議，但許多懸而未決的老問題，如資本利得稅的開徵依舊無解。如今，財政健全小組會議捲土重來，然而昔日無

解，難道今天就有解嗎？

瞻前顧後會議無用

事實上，這些財政難題能否得解，其關鍵不在於開更多的會，做更多的研究，而在於府院高層的意志，如果決策者還是瞻前顧後，還是有選舉考量，如此再開百場、千場會議，亦復無用。

我們看看這10年政府開會的紀錄，經發會開完，繼之以服務業發展會議，隨後又舉行商業發展會議、國家永續發展會議，經濟永續發展會議（經續會）、然後又是賦改會、全國能源會議、財政健全小組會議，許多陳年問題就在這些全國會議裡進進出出，難以決斷。

近10年召開的全國經濟會議

閣揆	會議名稱	達成結論
張俊雄 (2000.10-2002.1)	全國知識經濟會議(2000.11)	—
	全國經濟發展會議(2001.1)	202項結論
	經濟發展諮詢會議(2001.8)	322項共同意見
游錫堃 (2002.2-2005.1)	全國服務業發展會議(2004.9)	13項旗艦計畫
	財改會(2002-2003)	21項改革措施
謝長廷 (2005.2-2006.1)	全國商業發展會議(2006.1)	58項結論
蘇貞昌 (2006.1-2007.5)	國家永續發展會議(2006.4)	248項結論
	台灣經濟永續發展會議(2006.7)	516項共同意見
劉兆玄 (2008.5-2009.9)	賦改會(2008-2009)	83項決議
	全國能源會議(2009.4)	249項共同意
陳冲(2012.2-)	財政健全小組(2012-)	研議中

資料來源：歷次會議報告及新聞稿

過去這些年的經濟會議，政府部門投入龐大人力、物力，洋洋灑灑的報告勾勒願景，例如「提高附加價值，創造就業機會」、「讓台灣笑得更燦爛」，惟這些年台灣的附加價值率反而一路下滑，工作貧窮卻逐年增加，有幾個人能笑得更燦爛？

在全球化的壓力下，台灣的經濟、財政是該有一番銳意的革新，只不過這10年來各部會連篇累牘的研究、年復一年的大會結論早已堆積如山，今天台灣的經濟改革之所以踟躕不前，顯然不在於會開得不多，而在於決策者的改革勇氣仍然不足。

工商時報　2012/04/01

註1：我國中央政府財政赤字在2000年為1,823億元，至2011年財政赤字升至3,459億元，10年間財政未曾平衡，而同期間各級政府債務餘額占GDP比率，也由26.6％升至40.9％。

註2：台灣全體產業的附加價值率（附加價值占生產總額）10年來持續下滑，從2000年的47.1％降至2010年的41.4％，其中製造業的附加價值率在同期間也由26.3％降至21.3％。

第六篇　政治與經濟

第 **7** 篇

文化、教育與經濟

舊時王謝堂前燕

「朱雀橋邊野草花，烏衣巷口夕陽斜，舊時王謝堂前燕，飛入尋常百姓家。」這首詩以燕喻人，慨嘆東晉王導、謝安家族從尊貴至於沒落，30年來國內碩博士的境遇，差堪可比。

回憶20多年前，每年自研究所畢業者僅區區3、4千人時，研究生備受尊崇，畢業取得博碩士學位後不是應聘至大專任教，便是赴各研究機構任職，薪水不菲，這個時期的碩博士可謂之王謝堂前燕，飛起來有風。

碩博士生 增至百萬人

隨著大學及研究所快速擴充，1992年取得碩博士者達1萬人，2000年升逾2萬人，迨2008年已突破6萬人，如今每年取得碩博士的人數已是1980年代的20倍，也正是這樣的速度讓國內碩博士10年來由20萬驟升至百萬。

百萬個碩博士已供過於求，同樣頂著名校學位已難以至大學任教，也不再被投以欽羨的眼神。王謝堂前已無巢可居，只能四散而飛，能飛入尋常百姓家已屬幸運，有的甚至已無處可棲。

我們每年畢業的研究生到底飛到哪裡了？以去年底而言，有71萬人有工作，有近3萬人找不到工作，有31萬人是屬於沒工作也不找工作的非勞動力。概略估計，去年具研究所學歷者的失業率3.5%雖仍低於大學、高中，但已超過專科學歷者。

如果把工作當成可棲之處，這些年碩博士四散而飛，飛到好門第者固然有之，但也有不少人尋尋覓覓，最後只能在餐館業、保險業、

第七篇 文化、教育與經濟

不動產業裡大嘆身不逢時，至於委身於人力派遣業而黯然神傷者也不在少數。

根據行政院主計總處的調查，2011年底在半導體、資訊電子等高科技產業任職的碩博士還是最多，但增加最快的反而是人力派遣業、醫療保健業、餐館業、批發業、不動產業。批發業的碩、博士逾4萬人，人力派遣業5,000人，餐館業近2,000人、不動產業也近4,000人，成長速度極為驚人。

各業僱用博碩士概況

	2009年	2011年
工業及服務業	298,617人	402,790人
電子零組件業	69,107人	77,153人
批發業	26,205人	42,043人
金融業	29,932人	34,953人
法律會計服務業	3,959人	4,555人
人力派遣業	3,779人	4,972人
餐館業	253人	1,886人

資料來源：行政院主計總處

以2011年而言，人力派遣業每月的經常性薪資僅2.9萬元、不動產經營及相關服務業3.1萬元、餐館業更僅2.3萬元，這樣的薪資非但遠遠不如科技業、金融業，甚至與國內整體平均經常性薪資3.7萬元也相去甚遠，其生活之艱辛不言可喻。

政府及家庭培養一個小孩讀到研究所，成本不低，但培養出來卻難以覓得合適的工作，近年來各業碩博士人數倍增，看似人力素質的提升，其實是人力供需的嚴重失衡。試想高學歷者去參加國小畢業即可考的初等考試，是什麼畫面？再看看看碩博士成為派遣人力賺取微薄的薪水，這又是何等凄涼的情景？

研究生 人力供給過剩

　　薪水固然不代表一切，學子們體驗派遣人員的辛酸，也並非毫無所得，惟長期而言，學用若不能契合，這非但是個人的損失，更是政府每年投入數百億高教預算的浪費。如此年復一年，估計8年後國內博碩士人口將達150萬，突破200萬亦指日可待，然而這對台灣經濟是好事嗎？

　　政府希望鮭魚返鄉，惟燕子卻無處可歸，人力供需失衡至此，國家百年大計堪憂，決策者豈可再等閒視之？

工商時報　2013/01/20

註1：中唐詩人劉禹錫罷官返鄉路經金陵，看到昔日六朝繁華的烏衣巷，景物全非，追昔撫今，感慨寫下《烏衣巷》一詩，其中「舊時王謝堂前燕，飛入尋常百姓家」兩句已成千古名句。

註2：王安石在論及人才時曾寫道：「教育，成就人才之大者乎。…，夫教之、養之、取之、任之，有一非其道，則足以敗天下之人才。」

西畫裡的全球經濟

這些年不但原油、小麥、銅等原物料的國際行情狂漲，藝術市場也是熙熙攘攘，2004年5月畢卡索的《拿煙斗的少年》在紐約蘇富比拍賣會上以1億多美元成交，這個成交價格將藝術市場推向了一個新里程。

西方畫作迭創新高

在此之前，西方畫作的拍賣價格從未逾1億美元，但此後則迭創新高，波拉克的《1948年第5號》、畢卡索的《裸體、綠葉和半身像》、孟克的《吶喊》皆超過1億美元，近月塞尚《玩紙牌的人》更逾2億美元。

這些名畫雖然都有其獨特的魅力，但值多少錢才合理？這就沒有人說得準了。梵谷在世時畫作無人欣賞，生平只賣出一幅，如今卻價值連城；而畢卡索《拿著煙斗的少年》1950年只賣了3萬美元，近年卻以1億多美元成交；同樣的一幅畫，價格變化之大，令人嘆為觀止。此外近年莫內的《睡蓮》、拉斐爾《謬斯的頭像》也每每以超乎預期的價格在拍賣會上成交。

中東富豪高價買畫

那麼，到底是誰願意花這麼高的價格去買這些畫？從歷年的資料觀察，多數買主都是來自經濟蓬勃的富國，1990年以8,250萬美元空前高價買下梵谷《嘉舍醫生》的是日本人，那正是「日本第一」喊的震天價響的年代，而自2004年以來藝術市場的買家除了來自美、歐、中東富豪、卡達皇室及俄羅斯新貴也不遑多讓。

這些年中東的富豪、卡達皇室及俄羅斯新貴之所以富有，全是拜國際原油價格飛漲之賜，原油價格自2004年春天美國揮師伊拉克之後一路狂漲，產油國家盡收天下財富。阿拉伯聯合大公國的人均所得10年間由27,321美元升至66,625美元，科威特由13,358美元升至46,460美元，卡達更由21,138美元直逼100,000美元。這些年，產油國成了地球上最富有的國家。

近年西方畫作拍賣價格

畫家（畫作）	拍賣時間	成交價
梵谷（嘉舍醫生）	1990年	8,250
畢卡索（拿煙斗的少年）	2004年5月	10,416
莫內（睡蓮）	2007年6月	3,700
莫內（睡蓮）	2008年7月	8,050
拉斐爾（謬斯的頭像）	2009年12月	4,570
畢卡索（女人頭像：賈桂琳）	2010年2月	1,261
畢卡索（裸體、綠葉和半身像）	2010年5月	10,650
塞尚（玩紙牌的人）	2012年2月	25,000
孟克（吶喊）	2012年5月	11,992

資料來源：歷年外電　　　　　　　　　　　單位：萬美元

拍賣會如經濟消長縮影

其實，佳士得、蘇富比近年名畫拍賣會上的變化，就是全球經濟消長的一個縮影。這些年全球經濟低迷，失業率升高，多數國家落到貧窮線以下的人口更快速增加，工作貧窮現象日趨普遍，但倫敦、紐約拍賣會上的畫作卻屢創天價，這個矛盾現象說明全球經濟的失衡已愈來愈嚴重。

經濟失衡 貧富差距擴大

全球自2004年以來，在油價、小麥等原物料國際行情狂漲下，

全球貧富差距日益嚴重，這些原物料價格以倍數飛漲固然與地緣政治、軍事衝突有關，惟國際熱錢居間炒作、興風作浪更加劇了全球經濟的失衡。近年來這一失衡的經濟已讓全球財富出現了一次空前的重分配，更多的財富正逐年自各國勤勞工作者的手中，移轉至產油國及國際投機客的口袋裡，這是當前經濟全球化最大的隱憂。

　　梵谷、畢卡索、莫內、塞尚及孟克的畫作在市場賣出高價，這雖是藝文界盛事，但其實也正透露出全球經濟失序的困境，若再繼續失衡下去，若再讓貧富差距擴大下去，未來變天的絕對不會只有法國而已。

工商時報　2012/05/13

註1：經濟學家韋伯倫（Thorstein Veblen）著有「有閒階級論」一書，他表示社會階級不同，愛好也會不同，對有錢人而言，他們總以為價格不高的美術品，不能算美。

註2：梵谷、孟克、塞尚的畫作如今深受推崇，其作品在拍賣會上屢創天價，但他們的一生並不富有，且創作風格經常無法為當時主流藝術所接受，時移勢易，如今他們的畫作已是炙手可熱。

蘇軾的母親

我們都聽過，蘇洵帶著蘇軾、蘇轍兩兄弟進京趕考的故事，三蘇的文采不凡，唐宋八大家裡他們家就占了三名。而談起三蘇，大家總會浮現父子三人寒窗苦讀的畫面，但事實真是如此嗎？

宋史如此記載蘇軾的童年：「蘇軾字子瞻，眉州眉山人，生十年父洵游學四方，母程氏親授以書，聞古今成敗輒能語其要。程氏讀東漢范滂傳慨然太息，軾請曰：軾若為滂，母許之否乎，程氏曰：汝能為滂，吾顧不能為滂母邪。」

許多偉人受母親影響深

這段文字告訴我們，陪伴蘇軾童年的是母親而不是父親，他是在母親的啟蒙下，領略了文史的趣味，確立了人生的方向。東漢末年的范滂，少年時即有澄清天下之志，其所推動的清議之風，震動京師，觀察蘇軾一生為官愛民，與范滂多有相似，母親的教誨，影響可謂深且遠矣。

歷史上許多大人物，他們的童年也都有一位亦師亦友的好母親，除了蘇軾、蘇轍、范滂之外，孟子、歐陽修、岳飛、愛迪生也都是在母親循循善誘下，於日後成就一番功業。若非有這樣的母親，非僅唐宋八大家看不到三蘇，孟子大概也成不了亞聖，就連愛迪生是否能成為發明大王，恐怕也在未定之天。

然而今時不同往日，隨著世代觀念的轉變及經濟壓力的增加，女性外出工作者日多，從家庭經濟的角度來說，夫婦兩人皆工作，領兩份薪水，日子自然是好過一些，但相對的，陪小孩的時間就少了許多，目前內政部公布的婦女生活狀況調查顯示，全職家庭主婦裡有近

第七篇 文化、教育與經濟

半數每天陪小孩（12歲以下）10小時以上，但職業婦女裡逾半數不到6小時，甚至還有1成連抽出2小時與孩子相處都辦不到。

近年政府最得意的政績之一，就是促成台灣女性的勞動參與率升至50.0％，隨著婦女積極投入職場，10年之間女性就業人數大增2成，如今內閣有近3成閣員是女性、立法委員3分之1是女性、企業負責人也有3成是女性，從追求兩性平權的觀點而言，台灣是取得了一些成績，但這個成績的代價不低。

近10年男女性就業概況

	就業人數		勞參率	
	女性	男性	女性	男性
2001年	383萬人	555萬人	46.1%	68.5%
2011年	470萬人	601萬人	50.0%	66.7%

資料來源：行政院主計總處

婦女照顧12歲以下兒童每天所花的時間

	2006年	2011年
有工作	4.20小時	5.37小時
無工作	6.23小時	7.38小時

註：兒童為12歲以下　　　　　　資料來源：婦女生活狀況調查報告

婦女投入職場得失難估

試想，多數婦女投入職場而無暇照顧小孩，在缺少母親陪伴下，即令孩子有蘇軾之才、有愛迪生的天分，豈有成大器之日，這豈非是國家社會的損失？更有甚者，由於缺乏家風的陶冶，行為偏差的小孩日多，飆車滋事更是時有所聞，如此所加諸的社會成本，與婦女投入職場所創造的所得相抵，是得是失，實難估計。

近年隨著選舉壓力愈來愈大，政治人物已無法思考長遠的問題，只會想到要增加多少GDP，要提高多少婦女的就業，要如何在短期內吸引企業投資，至於這些政策可能產生的副作用，已無人聞問。看看蘇軾的母親，政府如今的政策思維，也許該調整調整了。

工商時報　　2012/10/21

註1：宋史記載歐陽修、蘇軾的母親有如下描述：歐陽修四歲而孤，母鄭氏守節自誓，親誨之學，家貧至以荻畫地學書；蘇軾母親程氏則親授以書，聞古今成敗，輒能語其要。

註2：1855年愛迪生9歲讀小學，因數學不好被老師評為低能兒，母親心酸之餘決定把他帶回家親自教育，愛迪生畢生發明了電燈、電話、留聲機、電影等，獲1,200多項專利，被譽為發明大王。

僵化教育政策
讓台灣經濟黯淡

　　唐代科舉考試，競爭激烈，平均每次僅錄取25位進士，至宋朝大開善門，3年一次的會試，平均每次金榜題名者高達348人，至明清兩代仍有300人之譜。

　　錄取的人數激增，當然也就使得進士的身價大跌。唐代的進士難考，因此一旦考上，曲江游園，杏園探花，恩慈塔下題名，集皇家與世人榮寵於一身。但至宋朝，進士如過江之鯽，因此取得功名而無差可當者為數不少，唐宋國祚皆在300年左右，唐進士僅6,400多人，宋卻有4萬人，在物稀為貴的市場法則下，唐宋進士的待遇，自不可同日而語。

大學生畢業人數 從每年4萬人變成22萬人

　　台灣今天的情況也差不多，1980年代每年畢業的大學生不過4萬人，碩博士不過4,000人，但是今天每年畢業的大學生近22萬，獲碩博士者直逼5萬人，高學歷者以倍數成長，莫談素質如何，即以如此巨量，也就難怪高學歷者難以再享有20年前的殊榮，這恰如唐宋進士間的翻版。

　　前幾天，大學指考放榜，各界大嘆連總分18分都可以考上大學，從副總統至前中研院院長李遠哲都對國內高教政策頗有微詞，但是國內大學院校非理性擴增、大學生素質日漸低落等問題由來已久，非朝夕所成，今天許多的議論，5年前早已討論的沸沸揚揚，只是事過境遷，當輿論逐漸冷卻，教育政策便繼續因循墨守，為政者心態如此，台灣豈能培養得出一流人才？

　　須知，學生的素質決定於學校的良窳，學校的良窳決定於教育政

策的遠見，教育政策有無遠見的則決定於教育大員們的識略與心態。今天學生素質滑落至此，官員們的因循與短視實為主因，這些領高薪坐黑頭車的教育大員，午夜夢迴，豈能無愧？

我們的教育部是如何辦教育的？今年6月國內一所高職學生組隊參加捷克的國際設計比賽，由於作品頗具創意，獲越級至青年組與各國大學生競賽，一路擊敗各國參賽者而獲首獎，獲獎學生依章程向教育部申請獎勵，殊料教育部卻以此一專案的獎勵僅給大學生而不給高中生，加以回絕。

近年國內大學發展概況

	大學院校（所）	在學學生（人）		畢業生（人）	
		大學	研究所	大學	研究所
1998年	84	409,705	53,870	85,802	15,482
1999年	105	470,030	67,233	87,421	16,323
2000年	127	564,059	83,861	100,171	18,212
2001年	135	677,171	103,213	117,430	22,215
2002年	139	770,915	122,130	146,166	27,401
2003年	142	837,602	143,567	176,044	32,615
2004年	145	894,528	160,401	192,854	37,945
2005年	145	938,648	177,024	210,763	44,499
2006年	147	966,591	193,424	219,919	48,350

資料來源：教育部

高中生競賽贏大學生 獎勵竟只為大學設計 說不過去

這是什麼邏輯？行政院服務業發展方案不是正在鼓勵設計服務業嗎？我國高中生的設計能力贏了各國大學生是何等榮耀，不論依國家經濟政策或獎勵學生參與國際競賽的初衷，都該大大鼓勵才是，但我們的教育部既無愛才的熱忱，也沒有為國家培養人才的遠見，遇事則

因循泄沓，墨守舊章，在這種冷漠官僚的教育體系下，台灣縱有千里馬，也終難有成。

從古至今，當權者都希望得到人才，但每個官僚體系下的養才與選才制度，卻與此大相逕庭，從唐朝的詩賦取士、宋明的策論取士、直到今天的教育政策，僵化的體制，迂腐的官吏總是將真正的人才拒於門外，從而使得朝有倖進之臣，而野有抑鬱之士。

古代科舉考試及錄取情況

朝代	國祚	科舉考試次數	總錄取進士人數	平均每次錄取進士人數
唐	290年	261次	6,460人	25人
宋	320年	118次	40,000人	348人
元	98年	16次	1,136人	71人
明	277年	88次	24,600人	280人
清	260年	112次	26,000人	232人

資料來源：中華狀元卷

有意思的是，唐宋明清四朝科舉所選拔出來最優秀的一甲進士狀元、榜眼、探花，最後成大事業者僅文天祥、王維、柳公權區區數人，而韓愈、柳宗元、歐陽修、王安石、蘇軾、蘇轍、蘇洵、曾鞏等唐宋八大家，皆落在二甲之列；匡復明室的于謙甚至落至三甲第92名；執筆聊齋的蒲松齡更是次次落榜；而領百萬雄兵掃蕩西北的左宗棠在道光13年連三甲都擠不進去，但看同年200位進士，文章武功卻無人能及左氏於萬一。

這說明不論是古代以詩賦策論取士，或是今天以學測指考選才，所選拔的人才皆有其極限性，只有寄望於主持教育政策者有養才的遠見與愛才熱忱，才能濟政策之窮。名落孫山的左宗棠、吊車尾的于謙、被學校放棄的愛迪生、未獲蘇黎士大學錄取的愛因斯坦，雖都失意於一時，但在有愛才熱忱的伯樂出現後，皆成了改變歷史的千里馬。

經濟學家梭羅說：「21世紀國家競爭力輸贏的關鍵不在資本，而在人才的培養與運用。」換言之，台灣今天經濟競爭力提升的關鍵不在經濟部，而在教育部。若我們執掌教育的大員對教育依舊缺少熱忱，依舊因循泄沓，台灣在本世紀的經濟競賽中，失敗已是難逃的宿命。

工商時報　2007/08/12

台灣碩博士
將達百萬之眾

「黃金榜上，偶失龍頭望，明代暫遺賢，如何向？未遂風雲便，爭不恣狂蕩？何須論得喪，才子詞人，自是白衣卿相。煙花巷陌，依約丹青屏障、幸有意中人，堪尋訪。且恁偎紅倚翠，風流事，平生暢，青春都一晌。忍把浮名，換了淺斟低唱。」

這是北宋詞人柳永科舉落第後所填的《鶴（沖）天》一詞，雖然詞意豁達，視功名為浮名，表現出對科舉的蔑視，但柳永還是一考再考，直到50歲才中了進士，做了個屯田員外郎的小官。終其一生，飄泊潦倒，家徒四壁，功名並沒有為這位詞人帶來舒服的生活，多數時候他仍是靠填詞為生。

每年自大學校園畢業的人數

	學士	碩士	博士
1994年	68,274	11,706	848
1997年	85,802	14,146	1,282
2001年	146,166	25,900	1,501
2004年	210,763	42,334	2,165
2007年	230,198	54,387	3,140
2010年	228,878	60,024	3,846

資料來源：教育部　　　　　　　　　　　　　　單位：人

古人熱中功名，10年寒窗的目的就希望能一舉成名，考上進士不但是窮人改善經濟生活的期望所在，也是讀書人一輩子所服膺的最高志業，無法在考場上揚眉吐氣可說是士子們一生最大的憾事。如今雖早已沒有科舉可考，但還有很多考場可以揚名立萬，過去人人拚命擠大學窄門，如今人人爭相攻讀碩、博士，那種希望透過學位提升地位的動機，與柳永那個年代，並沒有太大差別。

　　國內大學如今一年培養出多少碩、博士？根據教育部統計，以碩士而言，一年取得學位者即高達5.4萬人，比起10年前的1.4萬人高出好幾倍，至於每年畢業的博士也高達3,000多人，比起10年前每年幾百人，台灣取得博士學位的人數，近年成長也極為驚人。

　　依內政部統計，台灣社會如今擁有碩士、博士的人數已直逼80萬，與10年前的14萬相比，整整成長了近5倍，依這種速度，最多再過4年，台灣擁有碩、博士的人數就會升逾百萬之眾，這是一個令人嘆為觀止的數字，台灣蕞爾小島，竟有一百萬個碩、博士。

台灣研究所以上學歷人數

	15歲以上人口（1）	研究所以上	
		學歷（2）	學歷比例（2）／（1）
1998年	1,711萬	13.9萬	0.8%
2008年	1,913萬	78.9萬	4.1%

註：研究所學歷包括畢業及肄業　　　　　　　　資料來源：內政部

　　擁有碩、博士學位，過去在職場上確實炙手可熱，不論是職位與薪水都高人一等，但如今由於碩、博士人數眾多，供過於求，優勢不再，非僅薪資沒比大學生高出多少，甚至如果所攻讀的是領域偏冷的話，還有可能長期找不到工作。但這似乎並不妨礙大家攻讀學位的熱情，每年報考研究所全職班、在職班、學分班的人依然如過江之鯽。

　　如今取得碩、博士既然邊際效用這麼低，何以每年還有這麼多人絡繹於途，奮戰不懈地去攻讀學位？這種心理大概就如同柳永一樣，雖然中了進士只當了屯田員外郎這種芝麻小官，生活依舊清苦，但那

種從鄉試、會試、殿試一路考到天子腳下所取得的桂冠，其所象徵的榮耀，已非金錢所能衡量。

　　由台灣碩、博士人數急速成長推計，未來這個高學歷族群的就業、失業問題將會紛至沓來，惟依我國現行就業統計的學歷分類，最多僅分到大學而已，顯然，在這個傳統的統計上多加個碩、博士分類，已是時勢所趨，不得不然，行政院主計處得盡早做好規劃才行。

工商時報　2009/10/26

人才在哪裡？

最近由於中研院提出人才宣言，大家又開始注意這個議題，事實上這已不是新問題，5、6年前業界即經常籲請政府調整大學的學程，以讓培養出來的人才能為企業所用。

當年政府也從善如流，非但設置了產業碩士專班、推出了菁英留學計畫來培養人才，行政院更成立了「人才引進及培訓會報」經常開會檢討，但有關人才不夠的問題，依然存在。

事實上，如果純從受大學教育人數來看，台灣人才不算少，30年前在研究所念書的學生才7,000人，但如今已有22萬人，從前企業想找一個大學生得眾裡尋他千百度，但如今台灣擁有大學學歷者就占了近4分之1。

高等教育比率冠全球

台灣受高等教育人數近年來的成長速度已超英趕美，根據教育部統計，年輕人（25～34歲）受大學以上教育的人口比率，台灣在去年已高達40.3％，不但贏過南韓、日本，更遠遠超過德、法、英、美，居世界第一。

雖然政府有這麼多的人才培育方案、引進人才會報，又設立了這麼多大學，每年培養出20多萬名畢業生，但由於辦教育者多數沒有熱情與遠見，因此儘管政府年年投入龐大的預算，依然無法培養出人才。

人才到底要怎麼培養，古今中外沒有一定的法則，但為師者的熱情是不可少的，牛頓及愛因斯坦都深受其老師的影響，而啟發了研究的熱情，兩人自大學畢業後並沒有繼續深造，也沒有投入繁忙的工

作，1667年牛頓自劍橋大學畢業後留校負責協助兩個學生的功課，年薪雖然只有200鎊，但工作輕鬆，使他得以創造出反射望遠鏡，發現宇宙的奧秘。

　　愛因斯坦1900年自瑞士蘇黎世聯邦科技大學畢業後，失業了2年，1902年才到專利局當審查員，年薪也只有3,500法郎，但他樂在其中，在專利局工作了6年多，此一期間他發表了相對論、等效原理等30篇重要論文，他後來回憶這段期間指出：「我非常喜歡專利局的工作，在這裡我悟出最美妙的思想，年輕學者需要獨立思考，最好先找一份與世隔絕的工作，像專利審查員、燈塔看守人，這樣既履行了一項有益的職責，又有時間致力於發掘科學的奧秘。」

台灣人才培育情況

	在校學生人數			人口比率
	學士	碩士	博士	
1981年	158,181人	6,555人	800人	4.97%
1991年	253,462人	21,306人	5,481人	6.81%
2001年	677,171人	87,251人	15,962人	11.91%
2010年	1,021,636人	185,000人	34,178人	23.93%

註：人口比率為大學以上學歷者占15歲以上民間人口比率
資料來源：教育部、主計處

為師者的熱情很重要

　　辦教育者的熱情啟發了牛頓、愛因斯坦，我國物理學家楊振寧、李政道也深受其師吳大猷的影響，而2002年諾貝爾化學獎得主田中耕一亦復如此。田中耕一並沒有顯赫的學歷，1981年自日本東北大學畢業後直接進入島津製作所的研發部門工作，4年的大學教育能培養出一位諾貝爾獎得主，為師者的熱情，實為關鍵所在。

　　今天當我們在談人才時，應該從教育的熱情出發，而不該從短期的利益出發，企業難免急於要立刻得到人才，但「十年樹木、百年樹人」，人才培育不可能速成，必須以熱情著眼於長期，而不應只管何

時擠進全球百大排行、每年創造多少博士這些僵化的指標。

想想牛頓、愛因斯坦、田中耕一，也許我們可以更清楚人才該如何培養。

工商時報　2011/10/16

註1：愛因斯坦在瑞士念高中時住在老師溫特勒（Jost Winteler）家中，他後來回憶，學校教師友好熱情，溫特勒經常用講故事的方式與他暢談學問，愛因斯坦從此不但喜歡上學，而且也對物理深深著迷。

註2：牛頓進劍橋大學後，教授巴羅（Isaac Barrow）協助牛頓安排住宿及工讀，巴羅除了為人熱情，其講授的幾何、光學更引人入勝，牛頓後來回憶：「受到巴羅教授的教導是無上的幸福。」

第 **8** 篇

就業與薪資

台灣該編什麼就業指數？

經濟學家凱因斯曾說道：「我們所處的經濟社會，其顯著的缺點是它未能提供充分就業，以及它的財富和所得分配也不甚公平。」

失業偽裝成就業　危機四伏

這是凱因斯在《一般理論》結語中的一段話，道出了經濟社會的無奈。人類有史以來，不但在農業社會的年代難以創造充分就業，即令在產業革命後的今天，失業問題一樣如影隨形，更令人憂心的是，如今許多失業現象已偽裝成就業的模樣，使人不易察覺其嚴重性，不明白的人還以為天下太平，事實上已是危機四伏。

什麼叫做失業偽裝成就業？就是經濟社會出現許多低工時、低工資的就業者，一周7天他們只工作2、3天，超過一半時間無工可做，台灣有多少人面臨這樣的困境？依主計處估計，去年每周工作不到2天的人數已近10萬人，大約5、6年前，台灣社會工時這麼低的人數最多就是1萬人。

那麼，一周工作2天半（15～19小時）的人數有多少？依主計處估計，去年高達14萬人，幾年前這項數據也不過1萬多人，這些年來的增幅相當驚人。那麼，每周工作3天多（20～29小時）的人有多少？令人意外的是，竟高達37萬人，同樣的，幾年前這個數字是不會超過10萬人的。

低工時、低工資　生活艱辛

「就業機會」四個字聽起來有幸福的感覺，每當政府說創造10萬、20萬就業機會時，那種社會幸福的感覺就躍然於紙，但這些年

的情況顯然是變了，所謂的就業機會已不絕對是安定幸福的代名詞，有時已成了失業的偽裝品。

總計一下，台灣今天的就業者中，就有高達60多萬人一周工作只有2、3天，這麼低的工時，他們的收入想必也是少得可憐，面對年年高漲的房價、學費、物價、油價，其生活之艱辛，難以想像，他們是統計定義上的就業者，但這樣的就業有何幸福可言？不是失業的偽裝品又是什麼？

也許有人會說：「去年是因為受到金融海嘯影響，許多人放無薪假，才使得低工時的就業人口大增」。觀察近5年的數據，可以發現，早在5年前，國內低工時人口已逐年快速成長，今年第1季金融海嘯已漸遠離，但每周工作2、3天的人口依然高達47萬人，比起2005年以前不到10萬，工作機會低工時化的情況極為明顯，非止景氣因素而已。

低工作時數的就業人口

	每周（千人）		
	未滿15小時	15-19小時	20-29小時
1999年	8	7	28
2001年	9	7	23
2005年	12	13	46
2006年	45	56	201
2007年	52	67	228
2008年	72	96	296
2009年	96	141	372
2010年Q1	75	106	285

註：係指就業者主要工作的工作時數。2006年之前係指部分工時者，2006年起併計全職及部分工時兩類就業者，一般而言全職工作者而屬低工時者不多見。　　資料來源：行政院主計處

非典型就業者 愈來愈多

事實上，這些年台灣的就業型態確實已出現極大的變化，這個變化不只反映在每周工作2、3天的人數激增，同時也反映在「非典型就業者」愈來愈多，所謂非典型就業包括部分工時、臨時性或人力派遣工作者這三類，依主計處推計，去年這些非典型就業者已近70萬人。

最近證交所董事長薛琦倡議編製「愛台灣就業指數」，這項指數隱涵著僱用本地員工比重愈高的企業，整體股價表現愈佳，也愈有利國內經濟發展。其實，台灣今天除了該編「愛台灣就業指數」之外，更迫切的恐怕是以工時做為權數配合就業人數來編製「工時加權的就業指數」。

開出就業良方 解民間疾苦

這也就是說，一個全職的工作者每周工作40小時的權數是1，那麼每周工作20小時的權數只能給0.5，至於每周工作10小時者的權數就更僅有0.25，這樣編製出來的就業指數即可以充分反映真實的就業情況。

因為沒有加權的情況，一位工作40小時者和一位工作10小時者的權數是相等的，兩相比較，經過工時加權的就業指數，自然會比就業人數更能反映就業市場的實況及民眾的感受。

政府當局實在應該順著證交所董事長薛琦所提供的靈感，著手編製以「工時加權的就業指數」，藉由這項指數將可以讓府院高層更明白民生的疾苦，也才能適時提出正確的就業政策。

工商時報　2010/07/04

台灣所得水準提升了？

　　日前政府宣布台灣每人GNP於去年升逾2萬美元，這項訊息似乎意味著國人的所得水準已進入了新里程碑，但真是如此嗎？

　　在眾多指標裡，每人GNP算是一個人人都可以琅琅上口的名詞，不僅常被專家們拿來進行國際比較，政治人物也喜歡以此做為施政目標。4年前韓國總統李明博的747願景，我國馬英九總統的633政策藍圖，皆是如此。

　　雖然每人GNP，大家都熟悉，所有人都可以說得上話，但是許多時候，我們對這項指標的理解卻不夠精確。它是所得嗎？是我們所理解的薪資所得嗎？從國民所得統計來看，它確實是所得，但其實並不只是薪資所得而已。

　　人們辛勤所創造的GNP，最後總會分配給各生產要素做為報酬，提供勞動者獲得工資，提供資金者獲得利息股利，提供土地者獲地租，至於企業則獲得利潤。

　　這個所得分配在不同的年代、不同的國家，由於產業型態、貿易條件、賦稅制度的不同而呈現明顯差異，有時可能企業利潤多分配一些，有時可能地租少分配一些，有時可能工資又多分配一些。由此可知，當台灣每人GNP跨入新里程碑之際，不必然保證國人的薪資也更上一層樓。

所得成長分配 不均

　　以台灣而言，近十多年來GNP分配到受僱人員報酬的比率已逐漸下滑，由昔日50％以上降至目前的44％，這說明經濟成長的果實大部分皆已分配到地租、利息及企業利潤裡，而占就業人數7成的受僱

者只能望成長而興嘆：「奚為後我？」

　　台灣近年確實已出現這種不平衡的成長，1999～2011年我國的每人GNP由13,712美元升至20,713美元，足足成長了51.0％，但同一期間勞工的平均薪資僅成長11.7％，兩者有天壤之別，這項數據再次證明每人GNP的成長未必會反映在薪資的成長上。

　　或許有人會認為每人GNP這12年來如此大幅成長是拜匯率升值之賜，事實上，我們即使把每人GNP還原成新台幣計價，1999～2011年間仍然由43.8萬元升至59.3萬元，依舊大幅成長35.3％，還是數倍於工資的增幅。

台灣有關所得的數據

	每人GNP（美元）	經常性月薪（元）	平均月薪（元）	實質經常性月薪（元）	實質平均月薪（元）
1999年	13,712	33,068	40,842	34,845	43,037
2008年	17,833	36,423	44,424	34,560	42,152
2009年	16,901	35,620	42,176	34,096	40,371
2010年	19,175	36,271	44,430	34,387	42,122
2011年	20,713	36,803	45,642	34,402	42,664

註：實質薪資是以2006年物價換算，本表數據為2012年發布的數據。惟2013年起配合法規修正，兒童托育不列入統計並回溯至2009年，因此日後所查得的數據與上表會略有出入。　　　　資料來源：主計總處

實質平均薪資 減少

　　總體經濟裡經常被用來衡量所得的指標除了每人GNP、平均薪資這兩項，還有實質平均薪資這一項，這項反映實質購買力的薪資（月薪，以2006年CPI折算）在1999年為43,037元，到2011年反而降至42,664元，十多年來非但沒有成長，反而減少。

　　所以，當有人問我們：「這些年台灣的所得水準提升了沒？」這真是一言難盡，單看每人GNP確實大有進展，但看薪資所得則成長甚微，至於兼看實質薪資則反呈衰退，持平而論，這三項指標反映不同

的所得概念，並不衝突。可惜的是，近年來多數政治人物居廟堂之高則專挑漂亮的指標以自我催眠為快事，處江湖之遠則必選衰退的指標以訕笑嘲諷為能事，如此運用指標，實在是台灣經濟的大不幸。

工商時報　2012/03/04

註1：依國民所得統計法則，生產面、支出面與所得面三面等值，生產面所創造的附加價值最終會分配到受僱人員報酬、營業盈餘（含地租、利息、利潤等）、固定資本消耗及間接稅淨額。

註2：國民所得統計的所得面也稱分配面，以台灣而言，分配到受僱人員報酬的比率在1996年之前多在50%以上，2006年降至46.5%，2010年進一步降至44.5%。

從唐伯虎、陶淵明
看台灣失業現況

　　明朝才子唐伯虎的一生充滿傳奇，許多人大概都聽過三笑姻緣、唐伯虎點秋香的故事，這樣的風流才子一生應該享盡榮華與幸福才是，但事實不然，唐伯虎一生不僅官場失意，連生活也極其疲困，靠賣畫為生，他曾寫道：「十朝風雨苦昏迷、八口妻孥併告飢，信是老天真戲我，無人來買扇頭詩。」

收入微薄快斷炊 也算就業者

　　唐伯虎生活潦倒到靠賣畫為生，但只要一下雨，便沒有生意，沒有收入影響的不只他一人，而是八口人。但用今天的勞動統計定義，唐伯虎應該不能算失業者，因為他還在賣畫，就算在街頭擺個畫攤，收入微薄到隨時可能斷炊，僵化的失業統計還是會告訴你：「唐伯虎就是一個就業者，而非失業者。」

　　但這樣的就業者何其可憐，跟失業者有何差別？家裡有八口人要養，畫賣不出去全家下一頓飯便沒了著落，他對自己無法滿足家裡的經濟需求曾寫道：「荒村風雨雜鳴雞，燎釜朝廚愧老妻」。惟在長期生活困頓的困境裡，唐寅偶爾也得以「立錐莫笑無餘地，萬里江山筆下生」自我解嘲一番。

　　唐伯虎的情況正是今天許多台灣中產階級的寫照，明明是無業可做，但又被定義為就業者，明明是每周只有區區幾小時的工作，卻被政府大書特書的稱為創造了幾萬個就業機會。更重要的是，這些失去工作者經常也像唐伯虎一樣，是家裡經濟主要來源，唐伯虎賣不出畫是八口妻孥併告飢，今天許多人失去工作同樣也是全家告飢，至終而舉家燒炭者已是數不勝數。

　　看到唐伯虎的例子便可以明白，許多時候失業實況被僵化的失業統計所低估，台灣今天失業人數有多少？根據主計處的推計大約是41萬，由於許多失業者和唐伯虎一樣擔負著家計重擔，一人失業八口告飢的情況便從朝朝複製到今日，把這個波及效果計算進來，估計今天在台灣已有高達83萬人正受到失業的波及而生活陷於疲困。

　　在這個低估的失業統計下，受失業波及的人數尚有83萬，若把那些邊際就業勞工也算進來的話，失業所波及的人數已逾百萬之眾，若再計入那些賦閒在家73萬非勞動力、19萬廣義失業人力，全台灣受失業波及的人數恐怕早已逼近200萬人，失業的實況絕對比失業統計所傳達的訊息來得嚴重。

明明失業無助 卻被計入就業者

　　另一個大家熟悉的東晉田園詩人陶淵明，大家都知道他不願苟且於官場文化，寫下「歸去來兮辭」以明志，辭官後他在山上種種穀物、菊花聊以自娛，從今天就業的定義來看，他也應該是個就業者，但是陶淵明種了半天是「草盛豆苗稀」，他自嘆：「弱年逢家乏，老至更長飢」，這樣的就業者收入微薄到難以維持家計，今天台灣又有多少人如同陶淵明一樣，明明是失業無助、朝不知夕者，但卻被計入就業者？

　　唐伯虎、陶淵明是歷史上偉大的詩人，他們善於以文字表達對所處時代的看法、他們也能夠精確地以詩辭反映心中的感慨，而使今人能從其詩文中認識他們的一生。唐、陶二人一生不屈服惡質的官場文化，但同時也都面臨經濟生活的巨大壓力，與失業者幾無差別，但若以今天僵化的失業定義，唐、陶兩人一個是藝廊的商人、一個是鄉間的農夫，最後得出的結論是：「失業有這麼嚴重嗎？」

　　這些年政府改善統計數字的功力是一流的，但是改善經濟環境的能力卻還在幼稚園小班階段，這正是選舉掛帥下的禍害，一切施政但看數字的改善與否，而不論實況變化如何，久而久之對數字愈加熱心，而對民情益加冷漠，施小惠發紅包的措施日多，但是謀長策訂遠略的計畫日少。這樣的內閣，這樣的官場文化，唐伯虎、陶淵明若身處今時的台灣，恐怕也只能失望的再做出同樣的歷史選擇。

工商時報　2007/05/27

探索經濟祕密，
貝弗里奇曲線還存在？

　　自古以來，物理學家喜歡探索宇宙的祕密，而經濟學家則致力於尋找經濟運行的法則，1958年菲利普尋獲失業與通膨相互抵換的規律，畫出了著名的菲利普曲線（Phillips curve），隨後歐肯發現GDP成長率與失業率的反向關係，也發表了歐肯法則（Okun's law），此外為解釋調降稅率可以增加稅收，拉弗爾更神來一筆地繪出拉弗爾曲線（Laffer curve）。

　　在這許多聞名世界的經濟法則、曲線之外，其實早在1940年，英國經濟學家貝弗里奇（William Beveridge）也發現了一個有趣的法則，不過由於後來少有人接續研究，因此名氣不大，多年來國內外經濟學教科書已鮮少提及這個經濟法則。

　　貝弗里奇當年研究英國長期統計資料時，發現失業率與缺工率呈現穩定的抵換關係，意即景氣衰退時失業率上升、缺工率下降，景氣好時失業率降低、缺工率升高，以失業率與缺工率二維座標平面標示，恰是一條由左上方向右下方延伸的曲線，後來的文獻即稱此為貝弗里奇曲線（Beveridge Curve）。

全球化加速產業循環

　　貝弗里奇曲線所揭示的法則在1990年代以前放諸四海皆準，但隨後受到全球化的干擾，許多國家的勞動市場已不必然會出現貝弗里奇所揭示的這項法則。

　　根據經濟合作發展組織（OECD）的資料，德國於1970年失業率2％，缺工率3％，至1980年失業率升至4％，缺工率降至1％，惟自1990年起缺工與失業雙雙上升；法國於1970年失業率為2％，缺工率

0.5％，近30年缺工率沒有太大的變化，但失業率卻急劇上揚。

美國、瑞典晚近也出現缺工、失業同時走高的現象，貝弗里奇曲線因此逐年上移，另外日本從昭和50年至昭和61年的貝弗里奇曲線也呈上移。何以這些國家失業、缺工同步升高，打破了貝弗里奇的法則？全球化當是最重要的原因，全球化導致產業循環加速，一國在人力轉變速度趕不上產業轉變速度下，貝弗里奇的法則自然要失靈。

近十年台灣失業率與缺工率

	失業率①	缺工率②	①＋②
1998年	2.69	3.42	6.11
1999年	2.92	3.33	6.25
2000年	2.99	3.36	6.35
2001年	4.57	3.21	7.78
2002年	5.17	2.89	8.06
2003年	4.99	2.57	7.56
2004年	4.44	2.53	6.97
2005年	4.13	2.58	6.71
2006年	3.91	2.64	6.55
2007年	3.91	2.55	6.46
2008年	4.14	2.14	6.28
2009年	5.86	2.07	7.93

資料來源：行政院主計處

台灣這些年勞動市場符合貝弗里奇法則嗎？我們可以這麼說，1994年是台灣缺工率的分水嶺，在此之前缺工率曾逾8％，在此之後由於外勞的引進，缺工率降至4％以下，直到亞洲金融風暴前，台灣的缺工率與失業率之和總在5.7％左右，亞洲金融風暴之後，這雙率之和遂升至6.2％，2001年的網路泡沫之後，雙率之和再升至7.6％以上，近年雖略降，但隨著這一波全球金融海嘯，失業率與缺工率這雙率之和又升高至7.9％。

從台灣這10多年來的數據可以發現，在每3、4年一次的景氣小

循環裡，隨著景氣的榮枯，貝弗里奇曲線的抵換關係依舊存在，但若從10年的中循環觀察，則貝弗里奇曲線明顯已經上移。

貝弗里奇曲線的上移，這是幾何上的說法，若從算術上的說法來看，其實就是失業率加上缺工率之和愈來愈高，面對亞洲經濟風馳電掣的整合，未來幾年台灣產業的變動必然較前更為劇烈，在如此高速的產業變化過程中，若沒有一個靈活的人力與其呼應，貝弗里奇曲線必然還要再上移，那就是業者找不到人才，畢業生找不到工作的情況，勢必會愈來愈嚴重。

工商時報　2010/01/04

第八篇 就業與薪資

注意美國的勞參率

　　美國11月分失業率由前1個月的9.0％降至8.6％，消息傳出，全球股市大漲，不少人認為美國就業市場已獲改善，經濟已經呈現復甦。

　　今天許多人已經習慣以失業率、失業人數的高低來判斷就業市場的好壞，然而這樣的判斷有些風險，因為：「失業率的下降、失業人數的減少，未必代表就業情勢的好轉。」

　　怎麼說呢？當人們進入市場找工作，還沒找到之前是失業者，找到了就是就業者，找累了退出市場則成為非勞動力。當愈多人找到工作失業率會降低，這一點大家都明白，但鮮為人知的是，當愈多人退出市場同樣也有降低失業率的效果。

　　顯而易見的，愈多人找到工作是好事，但是愈多人退出勞動市場則是壞事，但不論前者或後者都可以有效地降低失業率，如此說來，單看失業率的變化是不足以判斷就業情勢的，必須兼看失業者的走向，看看失業者是繼續留在市場，還是退出市場。

　　要明白是否有更多人退出市場，可以看勞動參與率這項指標，這項指標是指勞動力（進入市場找工作或已有工作者）占16歲以上民間人口的比率，如果勞參率升高，代表愈來愈多人有工作的熱情，如果降低就代表退出市場的人增加，有工作意願的人減少。

　　瞭解了勞參率的意義，我們來檢視一下美國的情況，11月分美國的失業率確實降至8.6％，但勞參率也續降至64.0％，比金融海嘯期間的65％～66％還低，更比不上海嘯前的66％～67％，這告訴我們這些年美國退出勞動市場的人不少，他們的工作意願明顯降低。

　　也許有人會問，不就降低1、2個百分點，有那麼嚴重嗎？答案

是：「當然很嚴重」。以美國目前的人口估計，勞參率一個百分點約240萬人，如果降低2個百分點就代表480萬人退離勞動市場，這480萬人成了沒有工作也不找工作的非勞動力，當失業人口全成了非勞動力，失業率當然會下滑，但這豈是好事？

近年美國就業概況

	16歲以上民間人口（萬人）	勞參率	失業率	人數（萬人）			
				就業	勞動力	非勞動力	失業
2007年11月	23,294	66.0%	4.7%	14,658	15,384	7,909	726
2008年11月	23,483	65.8%	6.8%	14,407	15,462	8,021	1,055
2009年11月	23,674	65.0%	9.9%	13,859	15,379	8,295	1,520
2010年11月	23,871	64.5%	9.8%	13,891	15,395	8,476	1,504
2011年11月	24,044	64.0%	8.6%	14,058	15,388	8,656	1,330

資料來源：美國勞工部

當然不是好事，如果今天美國人民的勞動意願恢復昔日水準，480萬人回到市場求職，以目前美國的景氣研判，多數都將淪為失業者，如此一來美國失業人數至少升至1,600萬人，失業率也將升逾10％，還原了勞動市場的真相，我們還能說美國勞動市場已經好轉嗎？恐怕是不行的。

長期以來，多數經濟學家只重視失業率，早已忘了勞參率的存在，研判就業市場只依失業率，而不去稍微看一下勞參率，股市更經常莫名其妙地隨著失業率的變化而狂漲狂跌，漲得莫名其妙，跌得也莫名其妙，這全是對經濟指標一知半解的結果。

看看美國，想想台灣，我們的勞參率多高？依主計處調查的數據，台灣這些年的勞參率大約在58％左右，比多數的亞洲國家都來得低，當然也比不上美國，如果把台灣的勞參率提升至美國的水準，台灣的失業率會升到多高，實在難以想像。

工商時報　2011/12/11

註1：勞動統計把15歲（或16歲）以上的民間人口分為三類：就業者、失
　　業者及非勞動力，前兩者皆屬勞動力，差別只在於一個已有工作，
　　一個還在找工作，還在找工作者稱為失業者。
註2：非勞動力與失業者由於都沒有工作，看似相同，因此經常為人們所
　　混淆，其間的差別在於失業者雖沒有工作，但還在市場尋職，非勞
　　動力則是指那些已退出市場不再尋職者。

失業的理論與現實

　　古典經濟學家認為市場經濟可以創造充分就業，市場之所以會出現失業，是因為人們期待過高的工資，如果降低這個期待，即可獲得企業的僱用，失業問題自然可以迎刃而解。

　　知名的新古典派學者皮古（A.C.Pigou）在所著的「失業論」裡就認為，長期而言，失業問題總可以透過工資的調整來醫治，但凱因斯在《一般理論》這本書裡卻提出不同的見解，他認為影響失業的原因極複雜，工資的調整並非解決失業的良藥。

　　工資是不是影響失業的主因？從近年台灣的調查統計裡可以發現，求職者如果願意接受低薪的工作，確實可以讓失業人口減少一些，以去年為例，失業人數裡約有25％已尋得工作，只因待遇太低而不願屈就，至於其他75％的失業者多數是連工作都找不到，就算願意屈就也沒機會。

　　這份調查說明，降低薪資期待只能略微改善失業，想創造充分就業還得另覓方法，但令人好奇的是這些不願屈就的失業者，他們期待的薪資究竟有多高？答案很令人訝異，去年他們期待的每月薪資只有28,988元，還低於一般薪資水準（經常性薪資）36,803元，這只能算是很卑微的期待而已。

工資調降無助失業困境

　　事實上，這些年台灣求職者對薪資的期待可說是一年比一年低，若以求職者所期待的實質薪資而言，5年來更已降低了6％，失業依然未得到醫治。

　　雖然古典經濟學家認為失業問題可以藉由工資的調降來醫治，惟

台灣近10年的經驗告訴我們，調整工資根本無法改善失業困境。非但無法改善，由於薪資減少，消費趨於保守，更有害於經濟。

10年前台灣民間消費成長率經常超過10％，近年只有3％，消費動能下滑透過產業關聯擴散到總體經濟，又影響了企業的僱用意願，年復一年，台灣正落在這樣一個失去成長動能的循環之中。

台灣近年失業與薪資概況

	失業人數（人）	實質經常性月薪（元）	月收入低於2萬的受僱人數(人)
2006年	410,000	35,728	840,000
2007年	420,000	35,693	810,000
2008年	450,000	34,560	840,000
2009年	640,000	34,096	1,060,000
2010年	580,000	34,387	1,040,000
2011年	490,000	34,402	910,000

資料來源：主計總處

非典型就業不治本

這正是台灣當前的處境，但直到今天，仍有不少人相信古典經濟學家的見解，認為失業者只要降低對工資的期待，即可獲得工作，失業問題也就可以迎刃而解。於是，10年來市場上出現愈來愈多的人力派遣、臨時僱用等低薪的非典型就業機會，人們也被迫降低自己的工資期待去低就，然而失業問題果然因此而解決了嗎？

當然沒有，只是讓原來的失業問題轉化成了隱藏性失業問題罷了，這些低工資的就業者名為就業，實則與失業相差無幾。

許多政治人物都不相信台灣的實質薪資比10年前還低，惟事實勝於雄辯，2002年，台灣的實質經常性薪資還有36,235元，去年已降至34,402元，這意味著領低薪過生活的人已愈來愈多，統計顯示，5年前月收入不到2萬元者只有80萬人，近年卻已升逾百萬人，非典型就業人數更是連年升高。

10年來，台灣創造了愈來愈多的低薪工作，非但沒有從本質上改善台灣的就業困境，反而讓台灣經濟失去昔日的活力，我們還要繼續創造非典型就業嗎？值得深思。

工商時報　2012/05/06

註1：依最新的國民所得統計，我國民間消費自1987～1996年期間有9年的名目成長率超過10％，1989年甚至成長18％，隨著薪資停滯，近5年民間消費平均名目成長率已降至2.5％。

註2：國內「非典型就業」的人數大約是70萬人，他們的薪資偏低，以去年而言，人力派遣及臨時僱用者的每月平均收入僅19,038元，遠低於一般工作者的36,400元。

第 9 篇

經濟指標的問題

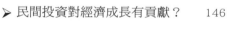

民間投資對經濟成長
有貢獻？

投資一詞是最混淆的經濟詞彙。股市裡買賣股票是投資、房市裡的交易是投資，經濟部逐月發布的僑外投資及重大投資也是投資，但這些林林總總的投資有的僅是資金移轉、有的還在紙上作業，根本不是國民所得統計裡所講的民間投資（固定資本形成），對GDP的貢獻微乎其微。

那麼，民間投資對GDP貢獻很大嗎？長久以來有許多人認為，在經濟衰退時，提振民間投資為振興景氣的好方法，但這個論述在美、日、歐是對的，在台灣可能就有待商榷了。

從國民所得統計的等式來看：GDP=C+I+G+X-M，民間消費（Ｃ）與民間投資（Ｉ）若能增加，當然有助於國內生產毛額（GDP）擴張，這也是今年初政府為什麼會發放837億元消費券的原因。同理如果民間投資能大幅成長的話，自然也可以帶動經濟擴張，不過帶動的效果並非放諸四海皆準。

6成投資用於採購機器

這是什麼意思呢？因為所謂民間投資有極大的比例是用來購買資本設備，以台灣而言，民間投資中用來購買機器設備、運輸工具及電腦軟體者占約6成至7成，而興建廠房等營建工程的比重則在3成至4成，顯然投資用於購置設備的比重極高，如果台灣半導體、面板的生產設備全數可以在國內採購，那麼民間投資愈多，其所帶動的投資乘數確實對台灣的經濟有極大的提振作用，但如果這上兆元的機器設備多數得購自美、日、歐，那麼民間投資帶動國內經濟的效果便是杯水車薪了。

民間投資的內涵

	總計	營建工程	運輸工具	機器設備及無形固定資產
2007年	20,548億元	7,520億元	1,025億元	12,003億元
	100.0%	36.6%	5.0%	58.4%
2008年	18,751億元	7,401億元	650億元	10,700億元
	100.0%	39.5%	3.4%	57.1%

資料來源：行政院主計處

　　遺憾的是，直到如今，台灣高階的資本設備仍得自國外進口，因此每宗百億、千億元的大投資案，看似為台灣挹注了可觀的成長動能，實則投入的大筆採購費用全數流至國外，僅少數廠房興建的營建工程商機留在國內，因此民間投資（I）看似有2兆資金注入，實則有1.2兆元支付設備進口（M），換言之，單看民間投資會認為其對GDP有莫大的貢獻，但若兼看進口設備的情況，則會發現民間投資對GDP的淨貢獻，寥寥無幾。

投資乘數大多澤及海外

　　這是一個全球化的世界，不論各國政府情不情願，今天許多振興經濟的效果已經很難全然留在國內，例如：發消費券若買了洋貨，效果就差了點，公共工程若被日本人標走，效果自然就少了許多，這也是年初美國政府在振興方案中會加上購買美國貨條款的原因，大家都想把振興效果留在國內，同樣的，民間投資的採購商機若流至國外，對國內經濟便起不了太大的作用了。

　　我們可以觀察2000年以來民間投資與資本設備進口的走勢，兩者幾乎是亦步亦趨，2001年民間投資大幅衰退26.8%，資本設備進口同步衰退31.6%，2004年科技大廠大舉投資，使得民間投資激增33.1%，結果設備進口也大幅成長38.2%，再以2007年為例，資本設備進口356億美元，折合台幣約1.2兆，與國民所得統計裡的購置

機器設備數字相差無幾，這告訴我們，民間投資（I）所挹注的動能，極大的比例已被進口抵消殆盡。

釐清投資對GDP兩階段貢獻

當然，不是每個國家民間投資都會被進口抵消，像美、歐、日這些有技術、能力生產高階機械、電子設備的國家，其民間投資的採購商機自然會有更大的比例留在國內，民間投資能不能對經濟挹注動能，可說全繫於各國的產業層次，除非有一天，台灣在高階設備方面已具生產優勢，否則民間投資再多，終究難以振興自家的經濟。

但這並非說台灣不需要民間投資，民間投資對經濟的貢獻可概分為兩階段，第一階段是投資當期對GDP的貢獻，第二階段是資本形成後所建構的生產能量對GDP的貢獻。以台灣而言，投資當期對振興經濟的作用固然不大，但投資完成後所形成的資本存量，對台灣經濟競爭力的提升當然有極大的助益，惟最佳的情況還是應該如美、歐一樣，能在兩階段皆創造可觀的產值。

民間投資是景氣衰退下的振興良方嗎？恐怕不是，因為企業是否投資係取決於成本、收入及對經濟的預期，在全球景氣撲朔迷離，企業產能利用率仍低的今天，企業的設備已呈閒置，即令政府的租稅再優惠，恐怕也難以吸引投資，政府惟一能做的應是在此刻著手建構一個更好的基礎設施及開放的法規，若這一點做得到，待景氣曙光一現，民間投資自然若水之趨下，不召而自來。

工商時報　2009/05/24

你在看GDP嗎？
可以再靠近點！

　　2007年春天的GDP統計告訴我們，2000至2004年製造業名目產值，呈現下滑，到了夏天，經工廠校正及產業關聯表等資料修正後，這段期間的製造業產值反而由2.38兆元升至2.62兆元，不僅數值本身變了，連趨勢也改變了。

　　過去GDP的修正，大抵只會改變GDP的數值，而不至於動到GDP的趨勢，也就是原來呈現上升的走勢，不會因為這一修正就變成下跌，原來走跌的趨勢也不致因這一修正而出現上揚。不過，近年來由於國際上有關國民所得統計的編算方式經常推陳出新，使得GDP的數值經常是數年一變，讓人如墜五里霧中。

　　其實，2007年的GDP修正規模並不算太大，修正規模最大的應屬日前這一波「5年修正」，行政院主計處一口氣修正了編算原則及統計方法，使得近50多年的GDP數據、經濟成長率出現令人意外的變化。以大家熟悉的2001年經濟衰退幅度，直到今日印象仍是-2.17％，惟經此一修，變成了-1.65％，若不仔細校正一下腦海中的印象，日後看到相關的報告可能會誤以為人家打錯數據。

　　還不只如此，經此次這一大幅修正，1988年國內景氣大熱的年代，經建會編製的景氣燈號還亮出3顆有過熱之虞的黃紅燈，本次修正後的經濟成長率竟由8.04％，下修至5.57％；相反的1990年國內股市自萬點跌落2,900點，景氣燈號出現2顆代表衰退的藍燈、8顆黃藍燈，這1年台灣經濟低迷自不待言，但是本次修正卻把原來經濟成長率5.70％上修至6.87％，如此戲劇性的變化，真不知數據該如何解釋，是當年經濟其實很好，數據沒有反映出來，20年後真相大白於天下？還是此次修正未能反映實際經濟情勢？值得相關單位再深入探

討。

　　再看看經濟成長的趨勢，經本次修正後也出現了一些變化，1987年的經濟成長率原本比1986年來得高，修正後的趨勢逆轉，另外1996年至2000年經濟成長的走勢也同樣出現趨勢上的變化。

2009年GDP五年修正

	經濟成長率（％）		景氣燈號
	修正前	修正後	
1985年	5.02	4.07	
1986年	11.49	11.00	
1987年	12.66	10.68	
1988年	8.04	5.57	9綠3黃紅
1989年	8.45	10.28	
1990年	5.70	6.87	2藍8黃藍
1995年	6.49	6.38	
1996年	6.30	5.54	
1997年	6.59	5.48	
1998年	4.55	3.47	
1999年	5.75	5.97	
2000年	5.77	5.80	

資料來源：行政院主計處

　　GDP是總體經濟的靈魂指標，經濟成長的高低是以GDP做為判斷，景氣循環也是依GDP走勢加以認定，而政府舉債空間也是隨GDP浮動，其他如企業加薪、企業信心同樣也深受GDP走勢的影響，若修正的結果與昔日的感受落差太大，那麼過去依附於GDP起落而有的擴張、緊縮政策，豈不顯得有些唐突而錯亂，舉例來說，如果1990年的經濟成長率高達6.87％，那麼政府當年何必急切提出振興景氣方案？又何必於1990年10月25日通過一個規模逾兆的6年國建計畫？

應參考生產面統計

　　行政院主計處本次「5年修正」的努力值得肯定，但所修正的資料該如何重回歷史現場詮釋當年實況也至為重要，至於2001年以前GDP的歷史資料係依支出面修正（生產面資料明年才發布）也似有不足之處，以我國GDP的生產面統計的完整性而言，若能參考生產面統計（農業、工業及服務業），相信兩相權衡推計出來的GDP，會更貼近歷史的感覺，而不至於像本次修正的結果，難以詮釋歷史重要年代的經濟情勢。

GDP例行修正的情況

公布時間	修正或發布情況
每年2月	發布前一年的GDP初步統計
每年11月	依據新資訊修正前一年的GDP統計
3年修正	依據部門決算、工廠校正、國際收支帳等最新資料，每3年修正一次
5年修正	依據工商普查結果、配合國際規範及編算方法改進，每5年修正一次

資料來源：行政院主計處

　　當然，許多使用GDP的學者、研究生也必須注意本次GDP「5年修正」的結果，由於本次改變幅度頗大，未來進行研究時千萬不能把舊資料與新資料摻合著使用，否則研究結果勢將難以自圓其說。

工商時報　2009/12/07

全球化與海關統計迷思，美國貿易赤字有那麼大嗎？

月前美國聯準會理事主席柏南克警告，美國對中國貿易逆差的失衡，可能引發另一波金融風暴，危及未來美國的經濟成長，美國總統歐巴馬也趁這一次亞洲之行籲請各國對美國貨敞開進口大門。

美國貿易逆差（或稱為貿易赤字）自尼克森擔任總統時已出現，美國官員每次與別國談判總喜歡拿著自己的海關統計告訴別人：「你們賺了美國多少錢，造成美國多少貿易逆差，該多買買美國貨了。」惟每次聽到老美口中的逆差數，再看看自家海關統計數，兩者簡直是天地之別。

舉例來說，如今已成為美國最大貿易逆差來源的中國，依據去年美國海關統計，美方官員會告訴你，因為中國產品大量輸美，導致美中雙邊貿易逆差達到2,680億美元，但若改依中國海關統計，中國對美國所享有的順差僅1,708億美元，並沒有老美講的這麼驚人。

事實上，在1990年代前後台灣對美出口大幅成長的年代，美國貿易談判官員也經常是拿著美國海關統計告訴我方官員：台灣對美享有幾百億美元順差，但我方官員拿著自家的海關統計和美國核對，發現兩邊統計怎麼對都對不攏。以去年而言，美國海關統計顯示美國對台逆差114億美元，我們自己的海關數字才45億美元。

海運、空運美國獲益大

其實，兩國海關統計數字兜不攏是很正常的事，因為各國出口總值係以離岸價格（FOB）計算，而進口則以抵岸價格（CIF）計算，抵岸價格包括運費、保險費，從台灣出口的總值明明就只有308億美元，但加了運費、保險費後到美國就成了363億美元，這樣一來，美

國所算出來的逆差當然會高人一等。

然而，令人好奇的是海運、空運及保險這些商機到底是為誰所有？若不明就裡地把這些費用計入出口國的輸出總值，顯然是不合理的，依世貿組織統計，美國不論在航運、旅行或保險等服務業的收入歷年來皆居世界之冠，去年航運服務收入907億美元，較航運業頗發達的丹麥475億美元仍高出一倍，更高於中國的384億美元與台灣的71億美元，除此以外美國服務輸出總額高達5,213億美元，高居世界第1（世界第2的英國才2,830億美元），如此看來，美國應是海、空運及保險的最大獲益者，實不應把這筆帳算到別人的頭上。

美、中、台貿易統計差異

	美國對中國逆差		美國對台灣逆差	
	美國海關	中國海關	美國海關	台灣海關
2007年	2,585	1,633	124	56
2008年	2,680	1,708	114	45
2009年1-3季	1,658	1,027	76	44

資料來源：各國海關統計　　　　　　　　　　　單位：億美元

全球化之下逆差被誇大

造成美國高估自家貿易逆差的還有另一個重要原因，就是在全球化下，從中國大陸出口的產品有5成以上是來自外商的貢獻，其中美商的貢獻自應不小。換言之，這看似中國對美國所享有的順差，實際上卻有極大比例是在中國的美、歐商對美國的輸出，享有利潤的是美、歐商，但順差這筆帳卻悉數計入中國的頭上，這個算法本已不合理，老美卻又拿著這本帳要人民幣升值，要大陸民眾多買美國貨，美國一邊享受大陸低廉的生產要素，一邊又把貿易赤字的責任歸諸大陸，要人家升值買美國貨，這簡直是得了便宜又賣乖。

平心而論，在沒有跨國投資的環境下，兩國貿易順、逆差的變化確實有些意義，在這種情況下，若美國出現8,162億美元的赤字，這

確如柏南克所言，是嚴重的警訊，但在今天全球化生產的大環境下，廠商與國家的藩籬已全然打破，貿易順、逆差的變化自不應再被如此誇大的闡釋。

　　一個過時的貿易順、逆差觀念，如今居然還經常在各國引起如此大的爭議，不由得令人想起經濟學家凱因斯在《一般理論》的最末一段話，他如此寫著：「過了25歲或30歲而仍然受新理論影響的人並不多，故此政府官員、政治家，甚至煽動家們對於當前事務所應用的觀念，不可能是最新的觀念，然而或遲或早，是好是壞，最具危險性的乃是觀念，而非既得權益。」善哉斯言！

第九篇 經濟指標與問題

大衛、摩西與統計

　　舊約聖經曾記載2則與統計有關的歷史，西元前9世紀，戰功顯赫的猶大君王大衛，有一次吩咐大臣普查王國的百姓、軍隊及國勢，歷經9個多月統計結果出爐，令人震驚的是，這些數字立即引來神的震怒，瘟疫舖天蓋地而來，猶大各城哀鴻遍野。

　　比大衛早生500多年的摩西，當他帶領60多萬以色列人離開埃及之後，也曾普查各支派的人口、軍隊，但這份統計非但沒有招來神的震怒，反而因為數字管理，而讓以色列民眾得以在曠野穩步前進，這些故事都記載在《撒母耳記》及《民數記》兩卷書裡。

　　大衛、摩西同樣數點人口、軍隊及國勢，何以一個帶來祝福，一個卻引來災難？這是許多研讀聖經者所不明白的。事實上，我們若細心揣摩，當可明白，其間的差異就在於動機，摩西統計人口、軍隊的目的是為了管理，而大衛此時已是聲望日隆，威加四海的君王，他顯然是想透過統計數字來顯揚自己，不同的動機自然就帶來不同的結果。

喜用數字彰顯威望

　　看看摩西、大衛，再對照這10多年來我們決策高層是如何對待統計的？平心而論，多數時候和大衛沒有兩樣，只是想以統計數字顯揚自己的豐功偉業，而不是想從數字了解國勢的變化。因此，他們樂於宣揚經濟成長創紀錄的成績，津津樂道競爭力排名躍升的榮耀，刻意掩蓋難看的數字，而對於隱藏在數字底下的危機更經常視若無睹。

　　回顧10多年來的新聞我們會發現，當消費信心連年升高時，政府樂於逐季公布這一數據，而當2000年底消費信心一落千丈時，便停止發布，這是什麼心態？當房價信心分數一路走高時，政府敲鑼打鼓開記者會，當2007年數字難看，便推稱此非政府統計不宜由官方發布，這又是什麼心態？

　　今年初有人以稅檔資料來呈現台灣的貧富差距急速擴大，居然有官員跳出來說：「全世界沒有人用報稅資料在算貧富差距的」，他們忘了一年前自己在立院的報告上如此寫著：「主計處所做家庭收支調查之目的與範圍，與本部（財政部）綜所稅之統計不同，惟就長期趨勢觀察，兩者資料均顯示國內家庭所得差距有逐漸擴大趨勢。」

近年政府統計引起爭議概況

	統計調查名稱	官方理由	事實
2000年11月	行政院主計處宣布停止發布第2季消費信心調查結果	消費信心分數滑落程度已超越實際經濟受挫，為免造成社會不安，決定不發布	消費信心分數降至70分的歷史新低
2003年8月	主計處編製的家庭收支調查報告，原載所得收入者的十等分位「已分配要素所得」，在未預告下改為「可支配所得」	已分配要素所得難以反映真實的所得分配情況	因為前一年的已分配要素所得十等分位差距，已升至61.3倍，引起各方關注
2007年9月	經建會的「住宅需求動向調查」第2季報告悄悄上網，未如常召開記者會發布	經建會認為這是委外調查而非政府統計，因此不宜再由政府發布	因第二季房價信心分數大跌，其中台北市更首度跌破100分
2012年11月	營建署「住宅需求動向調查」召開記者會發布方式突然改變，僅在署內簡單發布，17頁新聞稿縮水為3頁	營建署認為委外調查的資料仍屬政府統計，自應回歸署內發布	不明

資料來源：作者採訪整理

一心只想粉飾太平

這2年歐債危機震撼全球，但我們的官員們依然樂觀地說：「台灣的財政是最好的。」事實上，台灣的債務統計紛亂，至少得看三本帳才看得清楚，此外我們還有潛藏負債15兆元，這樣的財政能算好嗎？

所有喜歡用量化數據的決策者都得明白一件事，那就是統計並非用來顯揚自己，更非用來粉飾太平，而是用來發掘經營與施政的缺失，愈是出現難看的數字，愈當自我惕厲，而不是盡找一些好看的統計來自我催眠。

看看大衛、摩西的國勢普查，再看看神對他們兩人的評價，我們應該自其中獲得一些啟示才是，這雖是舊約聖經的兩則故事，但嚴肅面對統計，自不應有古今中外之分。

工商時報　2012/12/02

註1：聖經記載，大衛普查國勢而被神懲罰，神給他3個選擇，一是7年的饑荒，一是在敵人面前逃跑被追趕3個月，一是國中有3日的瘟疫。大衛選擇3日的瘟疫，總計死7萬人。

註2：以欽定本聖經為藍本的Ryrie study Bible試圖解釋大衛遭懲這一疑惑，解釋原文如下：「David's sin was in putting his faith in numbers rather than in God.」

第10篇

產業與競爭力

經濟競爭力的奧祕何在？

　　兩年前中國拍攝的「大國崛起」風行一時，大家都想知道數百年來西、英、法、美諸國如何在全球競爭中脫穎而出，事實上保羅甘迺迪所寫的《大國的興衰》、歐森《國家興衰探源》、史賓格勒《西方的沒落》這些書也都在尋找國家競爭力興衰的原因，但迄今仍是眾說紛紜。

競爭力評比 沒有標準法則

　　有人認為商業環境愈自由愈有競爭力、有人認為好的法制才能提升競爭力、有人認為一國的文化才是決定勝負的關鍵，但也有人認為要適當抑制行會、卡特爾等分利集團才能提升競爭力。這些說法各有依據，也可以在歷史中找到典範，但直到今天，仍無一套放諸四海皆準的成功法則。

　　然而即使如此，人們還是渴望明白國家競爭力的奧祕。到底是開放才能帶來成功？還是適度的管制才能累積經濟實力？理論和實際有不少的差距，而在這麼複雜的觀念論述中，如今已有不少研究機構將其量化成指標。

　　例如世銀發布的全球政府治理評比、BERI發布的投資環境評比、IMD發布的世界競爭力、WEF發布的全球競爭力，中國社科院發布的城市競爭力，林林總總不下20餘項。

　　這麼多的競爭力評比，由於每個評比機構的競爭力哲學並不相同，因此所評估出來的排名，經常是南轅北轍，看了報告之後，愈發使人糊塗。

就以最近讓政府欣喜不已的IMD競爭力報告，台灣名列第8名，創下有史以來最佳排名，但這樣的排名就真的表示台灣的實力已超越落居第23名的韓國嗎？已超越落居第16名的德國嗎？已超越名列27的日本嗎？

世界競爭力排名的變化

	IMD		WEF	
	2006年	2010年	2006年	2009年
冰　　島	4	30	14	26
愛 爾 蘭	11	21	21	25
法　　國	30	24	18	16
德　　國	25	16	8	7
美　　國	1	3	6	2
台　　灣	17	8	13	12
日　　本	16	27	7	8
韓　　國	32	23	24	19
馬來西亞	22	10	26	24
中　　國	18	18	54	29

資料來源：經建會

各機構報告 差異非常大

我們當然希望，這是事實，台灣能超越日、韓、德、法。但是回到現實，台灣在區域貿易整合、工藝技術水準、品牌通路布局等各方面仍遠遠不如這些國家，因此千萬不要以為台灣如今已是全球第8，而夜郎自大了。

事實上，半年前另一份卓有名望的世界經濟論壇（WEF）競爭力報告對德國的評價就非常高，德國競爭力全球排名高居第7、日本也居第8，皆在台灣之上，由此可知，競爭力報告的看法，差異實在非常大。

競爭力是評估一國經濟發展的潛力，這樣的報告理當能看出長期發展的潛能，也能識透一國潛在危機才是。但是，去年被金融海嘯擊垮的冰島，在IMD的排名直到2006年仍高居世界第4，這是何等高的評價，但這份評估顯然沒有診斷出冰島的風險所在，如今海嘯一過，評估機構猛然覺醒，於是冰島排名驟降至第30名，試想，這樣的競爭力評比，既不能先見於未敗之際，如何能預知於將起之時？

優劣之分 在質不在量

其實，台灣比任何人都更了解自己的競爭力，有誰比台灣更了解自己的財政狀況？有誰比台灣更了解台灣的企業文化？有誰比台灣更了解台灣的專利其實少有原創性（雖然排名居全球第三）？

當別人以為台灣債務壓力不大，給予高度評價，難道真表示台灣財政沒有問題？當別人以專利數量高居全球第3，給予台灣高度評分，難道我們真的要夜郎自大，以為自己已經超英趕美了？當然不行，許多競爭力的奧祕是隱於數字之下，是質的概念，而不是量的概念，這是當我們在解讀競爭力指標時必須明白的道理。

地質學有兩派學說，一是「恆定理論」、另一是「劇變理論」，前者認為今日地質的情況正是在穩定的大自然體系中，隨著自然的風、自然的雨演變而成的結果；而後者則認為其間有產生激烈的劇變；恆定理論對於地質演變的解釋帶來較大的空間。許多國家都希望競爭力存在「劇變理論」，如何改造一下即可擠入強國之列，如何根據競爭力報告修正一下政策即可提升競爭力，但也許恆常的風、雨、文化、信任等社會資本這些沒有辦法被量化的因素，才是決定一國競爭力的奧秘所在。

工商時報　2010/05/23

古今排名的迷思

　　自古以來，只要有人的地方就喜歡排名，初唐四傑王勃、楊炯、盧照鄰、駱賓王，四人以文詞聞名，人稱王、楊、盧、駱，對這個排序有人有意見，舊唐書記載：「楊炯對人說：吾愧在盧前，恥居王後。」

　　都已經被稱為四傑了，對排名還如此耿耿於懷，顯示排名確有其不可思議的魔力。「西亭畫壁」是另一則爭排名的歷史趣聞，一日天寒微雪，王昌齡、高適、王之渙於旗亭飲酒，有數位女子登樓唱詩，王昌齡說：「我輩各擅詩名，每不自定其甲乙，今可以密觀諸伶所謳，若詩入歌詞之多者，則為優矣。」於是三人各自在牆壁上記錄詩被唱的次數。

計量分析評比　爭議多

　　古人爭排名，難有定論，有人讚嘆王勃的文章有宏逸絕塵之跡，但也有人推崇楊炯的文思如懸河注水，有人喜歡王之渙的「黃河遠上白雲間」，也有人感動於王昌齡的「一片冰心在玉壺」。

　　有趣的是，古人沒有定論的排名，如今大陸學者卻想以計量分析幫古人詩文定高下。所謂計量分析就是以古今選本、評點、論文及文學史中援引的唐詩篇數，加權計分，進行排名，一首詩出現的次數愈多，排名就愈前面。

　　結果崔顥的「昔人已乘黃鶴去，此地空餘黃鶴樓」排名第1，王維的「勸君更進一杯酒，西出陽關無故人」居第2，王之渙的「黃河遠上白雲間，一片孤城萬仞山」居第3。而白居易的「長恨歌」僅名列27，李白的「靜夜思」更落居31，千古絕唱的「將進酒」、「涼

州詞」皆在70名之後，而千年來感動多少人心的「遊子吟」竟連前百名都擠不進去。

這個以計量分析所得出的結論，非但沒有讓唐詩排名塵埃落定，反而引起更多議論；幾個月前又有人援引計量分析給宋詞排名，蘇軾的「念奴嬌」、岳飛的「滿江紅」、李清照的「聲聲慢」居前3名，而歐陽修、范仲淹、賀鑄的千古名作皆不見於10名之內，這樣的排名自然又要引來一番口舌。

運用計量分析替唐詩宋詞排名，本以為可以讓文人的排名有了科學的依據，但事實並非如此，因為只要和人的感覺有關，這就是數學、統計力有未逮的地方。如今世界各大機構喜歡運用各種計量分析對競爭力、自由度、經商環境進行評比排名，惟各家評比的結果卻經常南轅北轍，讓人愈發不知誰說得準。

有趣的古今排名

IMD（2012）		唐詩	宋詞
第一名	香　港	崔顥（黃鶴樓）	蘇軾（念奴嬌‧赤壁懷古）
第二名	美　國	王維（渭城曲）	岳飛（滿江紅）
第三名	瑞　士	王之渙（出塞）	李清照（聲聲慢）
第四名	新加坡	王之渙（登鸛雀樓）	蘇軾（水調歌頭）
第五名	瑞　典	杜甫（登岳陽樓）	柳永（雨霖鈴）

資料來源：北京中華書局唐詩排行榜、中新網、IMD

幸福量化排名 意義不大

就以2012年IMD與2011年的WEF兩份競爭力評比來說，在IMD排名第1的香港，在WEF排名落至第11，而在IMD排名第27的日本，卻在WEF排名第9，惟兩份報告皆顯示台灣遙遙領先南韓，這些評比讓人愈看愈糊塗。

如今不僅競爭力、自由度要排名，連幸福都要量化加以排名，馬

總統在年初指示主計處編製國民幸福指數，但問題是幸福能量化嗎？
這樣的排名有意義嗎？

愛因斯坦曾說：「數學定理倘涉及現實，就不可靠，而當它可靠
時，則與現實無關。」那些對統計排名深信不疑者，宜深思這席暮鼓
晨鐘的談話。

工商時報　2012/07/01

註1：王國維曾經為詞的高下做了總評：「言氣質、言神韻，不如言境
　　　界。…，詩人對宇宙人生須入乎其內，又須出乎其外，入乎其內，
　　　故有生氣，出乎其外，故有高致。」
註2：愛因斯坦說：「數學可以給自然科學某種可靠的尺度，沒有數學就
　　　無法取得此一尺度，但數學是獨立於一切經驗的人類思維的產物，
　　　因此數學定理只要涉及現實，就不可靠。」

兩個總體數據透露的意義，製造業產值與出口總額

　　台灣經濟能享有今天的成就，所仰賴的正是對外貿易，近20多年間台灣的出口由新台幣8,000億元升至8兆元，占GDP的比率也由4成升至6成，台灣對出口的依賴程度，今日更勝當年。

　　出口比重如此高可謂禍福相依，好處是與全球景氣聯繫，只要全球經濟大好，台灣即可順風而起，但壞處是當世界貿易衰退，台灣經濟必然一敗塗地。

占GDP比重 製造業產值遠低於出口

　　一般人大概都會這麼想，台灣出口比重如此高，製造業理應很強才對，也就是說製造業的產值（附加價值）占GDP應該很高才是。令人意外的是，事實並非如此，去年製造業產值占GDP僅22%，遠遠低於出口占GDP比率65%，這兩項數據平常分開看並不覺有什麼蹊蹺，但把它們擺在一起看，愈看愈覺得格格不入。

　　眾所周知，台灣製造業生產的貨品並非全數供外銷，依經濟部的調查，內外銷大概各占一半，綜合以上數據可以發現，去年台灣出口雖然占GDP高達65%，但其中來自台灣所創造的附加價值占GDP卻只有11%。

　　何以出口總額這麼龐大，高達8兆元，但實際上這批貨品的附加價值卻僅1.4兆元？這代表什麼意義？概而言之，這說明了台灣出口規模不小，但是實際上這麼龐大的出口並沒有為台灣創造太多的附加價值。

附加價值率下滑 出口規模虛胖

　　1.4兆占8兆的比率約18％，這可視為出口的附加價值率，與製造業的附加價值率18.5％頗為一致，顯示台灣今天的製造業雖然創造了龐大的生產總額（gross output）、也創造了可觀的出口規模，但生產過程中所創造的附加價值（value added，即GDP）卻少得可憐。

　　近20年來台灣致力於提升產業水準，但台灣的製造業附加價值率卻反而由25％降至18％，而出口占GDP比率卻由45％提升至65％，兩項數據全然背道而馳，實為台灣經濟的隱憂所在，但不知者還經常以台灣有多少產品全球占有率居世界第一而洋洋得意，觀察經濟現象之不易，於此可知。

　　去年南韓出口占GDP比率僅45％、日本出口占GDP比率16％、美國更僅9％，他們的出口規模比台灣大，但由於民間消費、民間投資等內需力量比台灣更大，因此對貿易的依賴反而遠低於台灣，這又說明了另一件事，就是台灣迄今還沒有發展出具規模的內需市場，從而使得台灣經濟日益仰賴一個虛榮實枯的出口結構，經濟體質的脆弱不言可喻，此波金融海嘯重創台灣經濟，使得首季經濟衰退10％、薪資劇降10％，看來並非偶然。

近年台灣製造業與出口比較

	製造業生產毛額／GDP	出口總額／GDP
1982年	33.3%	44.7%
1997年	25.2%	41.3%
2000年	23.8%	47.3%
2006年	23.0%	61.1%
2008年	21.7%	65.3%

資料來源：行政院主計總處

製造業疲弱 服務業比重虛增

台灣製造業產值占GDP比重一路下滑,而出口占GDP比重卻一路上升,這個奇特的發展趨勢也造成了服務業產值(附加價值)占GDP在8年前升逾70%,許多人不察,還以為台灣服務業比重逾7成是很了不起的事,事實上,7成這項數字只是彰顯台灣製造業的疲弱,而不代表服務業的強大。

我們可以拿幾個發展服務業有些成就的國家與台灣比較一下,以觀光、影視及遊戲軟體聞名的韓國,服務業產值占GDP僅62%、而亞洲服務業大國日本這項數據也不過68%,即令德國也僅72%,皆低於台灣的73%,由此可知,所謂服務業比重逾7成,依舊是製造業附加價值率過低所創造的另一個虛榮實枯的數字。如今台灣服務業發展尚在起步,成敗與否完全取決於劉內閣的產業發展方案。

出口總額虛胖、服務業比重虛增都指明一件事,就是快速下滑的製造業附加價值率,這正是台灣經濟的最大隱憂,而這幾項格格不入的數據也說明,檢視總體經濟問題還得綜合所有數據才行,以少數1、2項指標遽下判斷,實在危險。

工商時報　2009/06/07

台灣生產力的警鐘

2001年美國首季的生產力上揚8.4%，創近20年新高，數字公布當日，美股開盤後大幅上揚，這不禁讓人好奇：何以生產力有如此大的魅力。

通常人們看到生產力就會聯想到產量，但產量增加並不能與生產力提升畫上等號，因為多數時候產量的增加只是反映景氣的復甦，和生產力是否提升，全然無關。

那麼何謂生產力提升？生產力提升是指投入的工時不變，但產量卻變多了，正所謂「事半功倍」。當我們把台灣一年創造的總產量除以一年投入的總工時，所得到的每小時產出即是一項生產力指標，如果每小時產出逐年增加，這就代表台灣的生產力提高了。

勞動生產力 8年增逾4成

依這一概念所得到的生產力指標稱為「勞動生產力」，台灣製造業的勞動生產力在2002～2009年成長了46.7%，這個成績看似不錯，但何以會提升呢？是人力素質的改善、產業結構的升級、生產效率的提高、或是技術進步使然？

勞動生產力只告訴我們生產力提高了，但無法詮釋生產力的奧祕，要探索這個問題，就不能只讓總產量除以總工時，必須再除以資本存量，甚至除以原材料、能源及企業服務等中間投入的總量。簡而言之，每年的總產出除以這些「有形的總投入」之後，如果還持續成長，就證明經濟體系存在一些足以提升產出的「無形投入」，而這些無形投入可能是更好的人力素質、更高的生產技術、更有效率的生產流程及更和諧的勞資關係等等。

這些無形投入所創造的生產力，依據不同的編算方式有「多因素生產力」及「總要素生產力」兩類。多因素生產力是以實質國內生產毛額（GDP）除以勞動及資本而得，總要素生產力則是以實質生產總額（gross output）除以勞動、資本、原材料、能源及企業服務5要素而得，一般而言，總要素生產力的成長率可視為技術進步率。

台灣產業的生產力

	製造業 附加價值率	工業及服務業生產力年增率	
		多因素	總要素
1987年	28.3	7.26	3.33
1989年	27.6	6.09	5.88
1992年	29.2	4.87	2.24
1997年	26.8	3.87	2.08
2000年	26.3	1.25	1.70
2002年	27.4	3.45	1.49
2005年	23.8	2.12	0.71
2006年	22.3	3.01	1.06
2008年	20.2	-1.08	-0.31
2009年	22.7	-1.54	-0.50
2010年	21.3	—	—

資料來源：主計處　　　　　　　　　　　　　單位：%

總要素生產力 日趨低迷

依主計處估算的製造業總要素生產力，2002年～2009年僅成長3.1％，多因素生產力也僅增14.0％，皆遠不及勞動生產力同期間46.7％的增幅，這說明近10年台灣生產力的成長依舊源於資本投入，而非源於技術進步。

再看看近30年台灣的多因素生產力與總要素生產力也同樣會發現，兩者增幅日趨式微，這代表昔日技術進步對經濟成長的貢獻遠勝今日。此一結果看似不合理，但想想台灣各業風行的代工模式、過度

競爭下的微利經濟，總要素生產力的日趨低迷，豈偶然哉？

　　台灣近年投入研發的經費雖高、獲取的美國專利雖多，但這些專利最後能商品化而推升GDP者微乎其微，也正由於缺少開創性的研發與專利，使得台灣製造業的附加價值率10年來已由27％降至21％，此一降幅為歷年所僅見。

　　眾所周知，美歐的經濟成長主要來自於技術進步與創新，若以此檢視我們自己，逐年式微的總要素生產力與附加價值率，已然敲響了台灣經濟發展的警鐘。

工商時報　2012/01/01

註1：生產力可分為勞動生產力、資本生產力、多因素生產力、總要素生產力，前兩者在衡量每工時、每單位資本所創造的產出，後兩者在衡量產業的生產效率及技術進步等。

註2：生產總額與GDP的關係是：生產總額減中間投入（能源、原材料、企業服務等）等於GDP。以2010年為例，台灣的生產總額為新台幣32.9兆元，而GDP為新台幣13.6兆元。

第 **11** 篇

通膨泡沫

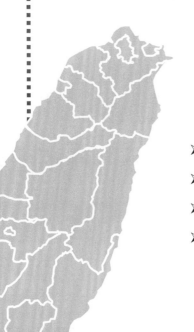

CPI改採
幾何平均數的秘密

10多年前外電報導，美國自1999年起所編製的消費者物價指數（CPI）將以幾何平均數替代算術平均數。這則新聞不僅讓久未接觸數學的人為之茫然，也讓不少經濟學者困惑不已，值得注意的是，去年起台灣所編算的CPI也已採用此法了。

算術平均數編製 漲幅較高

我們得先復習一下兩類平均數的定義：把N項數據相加後除以N即算術平均數，把N項數據相乘後開N次方根即幾何平均數，兩者間的關係是：算術平均數必然大於或等於幾何平均數。例如：（9+3）/2=6，而9×3開平方根等於5.2，由此可知，用幾何平均數所編算的CPI，漲幅會小一些。談到這裡，一定有人會懷疑這是政府懼怕通膨太高所使出的伎倆，但這樣的推論太過武斷。

要明白採用幾何平均的秘密，除了要知道數學上的道理，還得再了解CPI的編算方式，CPI查價範圍遍及食、衣、住、行、育、樂，總計查了400多個項目群，約14,000多個花色。舉例來說，鮮奶、西式速食、在外飲用咖啡或飲料就是其中三個項目群，而陳列於超市、超商及量販店的各式品牌牛奶、羊奶總計30多個花色就歸屬於鮮奶這個項目群。至於西式速食則包括分布於各地的麥當勞、肯德基、摩斯漢堡、必勝客等30多個花色。再如在外飲用咖啡或飲料就包括星巴克、85度C、城市咖啡等30多個花色。

CPI的漲幅是由鮮奶、西式速食、夏季套裝、女鞋、房租、電扇、電視機、化妝品等400多個項目群的漲跌構成，而鮮奶、西式速食這些項目群的漲跌又是由個別所屬的30多個花色的漲跌所構成。

　　以往的算法簡單，把項目群裡的30多個花色的漲跌以算術平均處理，據此得出項目群的漲跌幅，然後再把400多個項目群依其占家庭消費支出比重，予以加權平均，即可得出CPI的漲跌幅。

消費偏好 會隨物價變動

　　這種CPI的算法有一個前提，就是假設消費者的偏好是不會改變的，對品牌的忠誠度也是至死不渝的，但事實上，這個前提並不存在，人們的消費行為隨時會改變，今天光泉鮮奶降價促銷，人們當然會選擇光泉，平常喝85度C的咖啡，當7-11的城市咖啡買一送一，多數人也會毫不猶豫地轉向城市咖啡，這是人類自利心使然，非常正常。

　　這樣看來，人們不可能傻傻地固定自己的消費行為，因此鮮奶、咖啡、化妝品等項目群的漲幅如果直接把其所屬的30多個花色漲幅以算術平均處理，必定是高估了消費者的負擔，從而也就高估了CPI的漲幅、高估了通膨率。

新舊制消費者物價漲幅

	幾何平均(新制)①	算術平均(舊制)②	差異①－②
CPI	1.48%	1.58%	-0.1%
食物類	5.30%	5.40%	-0.1%
衣著類	-2.12%	-1.94%	-0.18%
交通類	-6.46%	-6.45%	-0.01%

註：上述資料為2009年1月分　　　　　　資料來源：行政院主計處

先進國家採幾何平均制多

　　那麼該如何處理才允當呢？應該把人們這種隨市場價格波動而變化的消費慣性納入考量，遺憾的是，我們實在不知道人們這種「替代消費的彈性」有多高，況且城市與鄉村、窮人與富人的情況可能又不一樣。必須做調查然後再進行CPI的修正，未免緩不濟急，因此遂有

以幾何平均替代算術平均的倡議。

美國、英國、加拿大等多數先進國家皆已在計算鮮奶、西式速食等400多個項目群的漲跌時採用幾何平均的概念，也就是每個項目群的漲幅係由所屬的30多個花色的漲幅幾何平均而成，如此一來，更能反映真實的生活成本變動。

台灣去年改制 貼近實況

值得注意的是，最後這400多個項目群綜合而成CPI的漲跌幅時，是以算數平均還是幾何平均來處理？答案是算術平均，因為不同項目群之間，多數並沒有替代消費的效果，例如我們不可能因為男性襯衫漲價就轉而購買女性套裝、也不可能因為嬰兒奶粉跌價全家就改喝嬰兒奶粉。

因此若CPI的計算分兩層來看，第一層在項目群內宜採幾何平均，在第二層則應採算術平均。

台灣自去年起所編製的CPI已悄然改制，第一層已改採幾何平均，第二層則仍依算術平均而得。也許大家會問：改制前後有很大不同嗎？

是有些改變，以去年1月而言，用舊方法估得的通膨率是1.58％，用新法估得的數字則降至1.48％，這個納入消費替代效應的數字，應該會比較貼近實況才是。

工商時報　2010/08/01

誰決定物價？

開年以來國內物價醞釀調漲，所持的理由是國際原物料價格上揚。雖說廠商依成本訂價，言之成理，但市場價格並非廠商說了算，而是由供需兩方決定的，若沒有需求與之呼應，最後零售價格想大漲也難。

就以金融海嘯前幾個月，全球小麥、黃豆、玉米、原油無一不呈狂漲，若把這些初級原物料的美元價格綜合成指數，2008年6月的指數較前一年同月大漲32.1％，但這麼大的漲幅是否代表反映到零售市場就得漲這麼凶？當然不是。

民眾需求影響物價

許多人在看物價這個問題時，都犯了兩個錯誤，第一是忽略了需求面，第二是忽略了原料只是眾多成本之一而已，因此看到初級原料大漲就以為通膨即將舖天蓋地而來，事實上，情況並沒有如此嚴重。

民眾需求的強弱真會影響物價走勢？當然會，這些年國際原物料上漲已是家常便飯，但是由於國人所得停滯，無力消費，因此許多廠商不太敢調高售價，否則即在調高售價後又採取回饋的行銷手法。至於從生產成本的結構來看，舉凡工資、水、電、租金也都是生產成本，尤其工資占生產成本近3成，這些成本沒有提高，加上新台幣匯率升值，廠商的負擔並沒有想像中如此沉重。

以2008年上半年這一波國際原物料大漲而言，雖然上游的原料漲的凶猛，但是經過生產加工到了最終消費品完成後賣給超市、量販店時漲幅縮至5.4％，而消費者自超市、量販店購得的商品及服務價

格漲幅僅3.9％，物價壓力是大了一點，但是與國際初級原料大漲3、4成有天壤之別。

再看今年元月的資料，黃豆、小麥的國際行情大漲了5、6成，但麵粉、吐司、沙拉油只漲了3％至7％，橡膠的國際行情大漲7成，但是輪胎只漲了1.2％，棉花大漲144％，而成衣紡品漲幅不到4％。

2011年元月物價漲幅（年增率）

	國際行情	台灣零售端
原油	22%	汽油3.4%客運車票8.8%
黃豆	55%	沙拉油6.7%豬肉4.7%中式料理2.8%
小麥	77%	麵粉3.6%吐司3.1%
棉花	144%	成衣1.1%紡織品3.5%
橡膠	72%	輪胎1.2%
鋁	23%	門窗設備3.5%

資料來源：主計總處

通膨不會呈燎原之勢

零售端的漲幅之所以遠低於原物料的漲幅，這不是業者仁慈，而是因為上述我們所提的兩項原因，亦即原料僅是眾多成本之一，加上來自通路的競爭，以及消費者未必買帳。換言之，你漲了，人家就不買，沒有需求的支撐，這價格如何漲得上去？

從近年來原物料大漲到零售市場只出現小漲就可以了解，如果僅是「成本推動型」的物價上漲，在市場競爭的大環境下，很快就會熄火，除非舉國產生恐慌的預期心理，再不然就是重蹈1970年代政府帶頭加薪，導致工資與物價追漲的覆轍，否則通膨是不會呈燎原之勢的。

近年來全球各國的通膨難以如20、30年前如此瘋狂，還有另一個原因，那就是這段期間歷經東京回合、烏拉圭回合的多邊貿易談

判，撤除了各國的貿易藩籬，透過自由貿易，大量的供給紓解了過去東邊救不了西邊，南半球救不了北半球的困境，通膨要像昔日這般猖狂，絕無可能。

工商時報　2011/02/20

註1：物價一般而言可分為躉售物價（WPI）及消費者物價（CPI），WPI是衡量廠商出貨、進貨的成本變化，而CPI是衡量零售市場的價格變化，前者可視為後者的領先指標。

註2：CPI漲幅簡稱通膨率，通膨升高會使得所得縮水，這是大家擔心通膨的原因，10年前台灣通膨率經常在3%以上，近年隨著自由貿易、市場競爭，通膨率經常不到1%。

颱風、物價與通膨

　　近月蘇拉颱風豪雨造成菜價上漲，通膨之說又起，這種由於颱風豪雨所造成的物價走高，真能稱為通膨嗎？

　　我們先定義一下通膨，通膨概指商品零售價格全面、持續地上揚。換言之，如果市場裡只有部分產品變貴了，這不能算通膨，而當多數產品都變貴了，卻沒有出現連月上漲，這還是不能算通膨。

　　那麼，如何衡量這個總體價格的變化？如今多數國家都是依聯合國、世界銀行合編的「消費者物價手冊」進行調查，查價範圍包括食、衣、住、行、育、樂等消費項目，我國查了400多個項目群，14,000多個花色，每月依調查結果編製消費者物價指數（CPI）。

目前未到通膨階段

　　台灣到底有沒有通膨，不能憑感覺，應該依CPI的變化來研判，近來各方直指台灣面臨通膨危機，只是因為看到7月分CPI的年增率2.46％創下近4年新高，但細究使得物價漲幅升高的原因，其中有半數來自蔬果，而蔬果價格之所以上揚則是因為6月中旬的豪雨所致，隨著8月蘇拉颱風重創台灣，預料下個月發布8月物價調查結果，蔬果價格仍將推升CPI，但這能稱為通膨嗎？

　　從通膨的定義來檢視一下，7月分台灣在424個項目群裡有183項較上月上漲，144項下跌，97項持平，漲跌呈平分秋色，並沒有出現全面性上漲，由此可知，台灣目前的物價走勢，還不能謂之通膨。

　　通貨膨脹是一個總體的現象，部分產品上漲自不可謂之通膨，即令多數產品上漲，若也僅屬一次性的調漲，也不算通膨，必須出現連月走高才算，台灣這一波由蔬果推升的CPI會出現持續性的上漲嗎？

答案是否定的。

　　我們可以觀察近20年颱風豪雨後的蔬果價格變化，並沒有持續上漲的走勢，其中蔬菜大約在3、4周復耕收成後，菜價隨即走跌。1996年的賀伯颱風曾讓蔬菜在1個月內大漲近9成，CPI年增率升逾5％，而2007年的柯羅莎、2008年的鳳凰、薔蜜也都曾令菜價在1個月內上漲2成至5成，以致CPI年增率升逾4％。這種由颱風豪雨推升的CPI，起初總會引起各方震驚，每每有通膨之說，但隨著1、2個月蔬果大幅跌價後，通膨之說即告消失，因為這種因颱風豪雨而引起的CPI上揚，歷來總是不會持續太久的。

颱風與物價

	颱風名稱	蔬菜零售價對上月漲跌					全年CPI漲跌
		7月	8月	9月	10月	11月	
1994年	提姆、道格	17.3	49.6	-8.2	-19.2	-19.7	4.10
1996年	賀伯	-8.3	87.8	-21.5	-14.1	-5.9	3.07
2007年	聖帕、柯羅莎	-6.9	29.5	15.7	23.3	-18.2	1.80
2009年	莫拉克	11.0	54.5	-12.5	-2.2	-22.7	-0.87

資料來源：行政院主計處　　　　　　　　單位：％

景氣影響物價深遠

　　2007年的平安夜次日，各報以顯著版面報導彰化30多名菜農嘆道：「一顆高麗菜賣不到10元，簡直要跳樓了。」他們砸爛高麗菜以示抗議。其實，1個多月前柯羅莎颱風襲台沒多久，一顆高麗菜售價還曾逾百元，通膨之說還甚囂塵上，曾幾何時，通膨安在哉？颱風豪雨造成的CPI大漲，不可謂之通膨，於此可知。

　　影響物價的原因甚多，有颱風豪雨、有政治風險、有經濟景氣，其中影響最深遠的仍是全球景氣的走勢。這樣看來，通膨是否出現，最終仍是決定於景氣，而不是天氣。

工商時報　2012/08/12

註1：CPI的漲幅是由鮮奶、西式速食、夏季套裝、女鞋、房租、電扇、電
　　　視機、化妝品等400多個項目群的漲跌構成，而鮮奶、西式速食的品
　　　牌甚多，平均每個項目群裡約有30多個花色。

註2：台灣在1979～1981年曾有連續27個月CPI漲幅逾10％，也曾因提
　　　姆、凱特琳、道格、葛拉絲颱風在1994年襲台而造成CPI漲幅連續3
　　　個月升逾5％，前者是通膨，但後者不是。

問題不在通膨，在泡沫

幾天前，當美國聯準會宣布要挹注6,000億美元的資金進入市場，實施第二波的量化寬鬆政策時，讓人又想起佛里曼的名言：「通膨就是過多的貨幣追逐過少的商品」，不少人憂心超級通膨又將捲土重來。

這些年的經驗告訴我們，過多的貨幣會進入初級原料市場炒高行情、會湧入各國匯市興風作浪、更會潛入各國股市與房市創造虛幻的榮景。總的來說，今天過多的貨幣不是追逐商品而是追逐資產，為人類帶來的災難，不是通膨而是泡沫。

過多貨幣追逐資產

有人可能會有不同的看法，他們會說：「近年原油、銅、鎳、黃豆、小麥這些初級原料的價格不是在狂飆嗎？怎麼會說沒有通膨？」

首先，我們必須要定義一下通膨，通膨指的是消費者物價（CPI）的持續走高，初級原料價格大漲雖會提高廠商的生產成本，但並不代表零售市場的價格（CPI）就會等幅升高。以2006～2008年為例，國際大宗物資行情雖以倍數上漲，台灣進口農工原料價格也年年漲逾11％，但同期間台灣的CPI平均漲幅不到2.0％。

過去原油、大宗物資上漲曾使得全球在1974年、1980年發生兩次停滯通膨，當時亞洲國家通膨率多在20％～50％之間，這是一個足以讓人恐慌的數字，但是這10多年來情況變了，任憑油價、大宗物資漲翻天，各國CPI漲幅始終平穩微升，偶爾通膨率升至3％即被認為山雨欲來，一副大難將至之狀，但3％在過去哪能算通膨？

全世界所以不再出現昔日兩位數通膨，應可歸功於近20年來的

貿易自由化，在各國開放市場，削減關稅下，多數國家零售市場已接近經濟理論上的完全競爭市場，廠商不敢隨意調漲售價，在沒有預期心理助燃下，通膨大火自然燒不起來。由此可知，即令此波美國量化寬鬆將招來熱錢湧入原物料市場，也不至於讓全球再次陷入昔日的通膨夢魘。

也許有人會說，過多貨幣難道不會引起通膨嗎？我們看一下1986～1988年貨幣供給M1B的年增率依序為32.3％、46.4％、30.1％，當時有人憂心這麼高貨幣供給會引發通膨，結果這3年通膨率僅僅0.7％、0.5％、1.3％，毫無通膨可言。

台灣泡沫經濟的年代

	M1B 年增率	CPI 年增率	股價	台北市房價 （萬元／坪）
1986年	32.4	0.7	922	7.4
1987年	46.4	0.5	3567	10.8
1988年	30.1	1.3	8039	24.4

註：股價為各年9月，台北市房價為各年第4季，惟75年數字為76年第1季。資料來源：央行、主計處、國土規劃不動產資訊中心

榮景幻滅彈指之間

何以如此？因為過多的貨幣不是去追逐商品而是去追逐資產，台灣在那個年代沒有發生預期中的通膨，但卻出現史上最嚴重的泡沫。股價由1986年秋的922點飆升至1989年秋已逾萬點，台北市房價更由1986年底每坪不到8萬元狂漲至1989年底已逾30萬元。

這些歷史說明一件事，就是近代過多貨幣未必引來通膨，但必招來泡沫。隨著衍生性金融商品與量化寬鬆共舞，當巨額的資金追高股價房價，激昂的投資狂語高唱入雲，人們就在狂漲狂跌的驚濤駭浪中狂喜狂悲，接著榮景的幻滅只在彈指之間，全球也將再次陷入可怕的蕭條，這就是以泡沫醫治泡沫的必然宿命。

工商時報　2010/11/14

註1：通膨與泡沫有相似之處，都是因為人們預期心理大量搶購造成的，當人們群起搶購民生物資造成物價上漲即是通膨；而當人們群起搶購股票、房地產使得資產價格非理性飆漲，這即是泡沫。

註2：梁啟超曾如此描述1720年發生於英國的南海公司投機泡沫：「英國人稱這種舉國若狂的追高資產價格如同氣泡一般，當其張至極大時，也就是到了將散之時。」顯見18世紀時已有資產泡沫化的概念。

全球貿易與競爭

美國傲慢的經濟思維

1944年在經濟學家凱因斯推動下，美、歐等國建立了布雷敦森林體系（Bretton Woods System），以35美元兌換1英兩黃金為匯兌基礎，讓各國貨幣分別與美元、黃金保持平價。

布雷敦森林會議所建立的固定匯率體系讓二戰後的世界貿易得以穩定成長，惟好景不常，隨著美國貿易入超，美國總統尼克森於1971年宣布停止美元和黃金的兌換，並揚言對進口商加徵10％的附加關稅。

華府的思維很簡單，他們認為美國之所以出現貿易赤字，絕非自家產業不行，而是因為他國匯率低估，因此須終結布雷敦森林體系，讓各國貨幣對美元大幅升值。

貿易赤字逾6,000億美元

在美國主導下，1971年美國與主要貿易夥伴德、法等國簽署了《史密松寧協議》，各國儼於10％的附加關稅，同意對美元升值，於是日圓匯率由1971年的350升至1973年的271，馬克由3.50升至2.67，法郎由5.54升至4.80。

整個1970年代，美元對日圓、馬克、法郎貶值30％～50％，這個匯率應該算公平了吧！美國貿易赤字理應改善才是，但事與願違，美國貿易赤字依舊持續擴大，至1984年已升逾1,000億美元。

看到貿易赤字擴大，1985年美國再度邀日、歐各國簽署《廣場協議》，這一紙協議迫使各國匯率再次升值，1987年底日圓匯率升至123，馬克也升至1.58，與布雷敦森林瓦解前比較，美元對日、

德的匯率已貶了60%～70%，但即使如此，美國貿易赤字仍逐年走高，1999年已升逾3,500億美元。

美國這30多年不斷地迫使日、德、法、台的匯率升值，又不斷透過超級301、特別301使各國開放市場，惟即使用盡了這些手段，仍無助於改善美國貿易赤字，2006年升逾8,000億美元，近年金融海嘯雖減弱消費動能，但美國貿易赤字依然在6,000億美元以上。

匯率貶值雖有利於出口商，但這只是把成本移轉給進口商而已，偶一為之或者有刺激出口的作用，但自不可能長期靠貶值來提振出口競爭力，這個道理至為明顯。但美國30多年來始終堅信迫使他國匯率升值，是紓解自家貿易赤字的萬靈丹，任憑《史密松寧協議》、《廣場協議》30多年實驗是失敗的，美國依舊不改其志，日前國會又通過「2011年貨幣匯率監督改革法案」，只是這次的對象由昔日的馬克、法郎、日圓轉向人民幣。

美國匯率與商品貿易逆差

	逆差來源（億美元）			匯率	
	中國	日本	全球	日圓	人民幣
1994年	295	657	1,056	102.2	8.61
2006年	2,341	897	8,279	116.3	7.99
2007年	2,585	843	8,087	117.7	7.60
2008年	2,680	741	8,162	103.4	6.95
2009年	2,269	477	5,036	93.6	6.83
2010年	2,730	664	6,349	87.8	6.77

註：匯率為1美元折算的幣值　　　　資料來源：美國商務部、中央銀行

服務貿易收入可觀

美國應該冷靜反省一下這30多年來的貿易逆差擴大，真是他國匯率不公嗎？還是全球化生產使然？美國商品貿易看似連年赤字，

但這些赤字不也是有部分是在海外的美商創造的？更何況美國的麥當勞、星巴克、華爾街及好萊塢風靡全球，其所創造的服務貿易收入不也很可觀嗎？

「IN GOD WE TRUST」，每張美元紙鈔都印著這一行讓人肅穆的字。美元匯率到底該以傲慢的經濟思維決定，還是該信託給上帝來決定？美國先賢們早在美元紙鈔上給答案了。

工商時報　2011/10/23

註1：貿易赤字、有時稱為貿易逆差，也可稱為貿易入超。美國貿易逆差之所以經常稱為貿易赤字，主因美國1980年以來外有貿易逆差，內有財政短絀，外界遂以雙赤字稱之。

註2：美國綜合貿易暨競爭力法第301～310條款授權行政部門，可以對於美方所認定的不公平貿易，實施貿易報復，包括提高關稅、設定進口配額、撤回貿易協定利益等，這就是特別301、超級301。

沒有故事
如何吸引觀光客？

19世紀由德國一路流亡至英國的馬克思，畢生與資本家對抗，如今他安息於倫敦海格特的墓園，每年前來參訪的旅客逾10萬，門票收入達9萬英鎊，若把10萬訪客的住宿、交通、餐飲計入，這筆觀光收入相當可觀。有趣的是，當年逼迫馬克思流亡海外的德國看到此一商機，前幾年竟以馬克思的故鄉在德國為由，要求將馬克思墓園遷回特里爾市，但卻被倫敦一口回絕。

海格特墓園沒有什麼特別，只因有馬克思而有說不完的故事，因此觀光客絡繹於途。全世界好山好水不少，但只有加上歷史故事，文化古蹟才能吸引觀光客。印象派畫家梵谷生平畫作無人賞識，如今被捧上天，連他曾居住的法國奧薇小鎮每年都吸引了100多萬觀光客，耶路撒冷有耶穌基督傳道的故事，每年前往朝拜者更逾200萬人，此外畢卡索位於西班牙的老家、拿破崙戰敗的滑鐵盧、愛因斯坦在伯恩的故居，也都成了觀光的地標。

歷史故事不少 卻不善用

不只外國如此，唐朝詩人張繼的《楓橋夜泊》也讓寒山寺馳名中外，蘇州的林園之美加上悠遠的歷史故事使得蘇州每年湧入千萬遊客。而歐陽修、蘇軾、柳永筆下的西湖，山色空濛、湖光瀲灩、綠水逶迤、芳草長堤、三秋桂子，十里荷花，動人的歷史讓杭州每年訪客逾3,000萬，一年的觀光收入即高達70億美元，單單一個城市的觀光收入即高於台灣。

當然，不是每個國家都有這種歷史故事可說，韓國不像歐洲、中國有這麼多的文人墨客、也沒有出現像馬克思這樣轉移時代的大思想

家，但韓國近年不斷透過韓劇創造故事，冬季戀歌、夏日香氣、大長今演完，同樣吸引了百萬亞洲遊客前往，連日本前首相小泉也神往不已地詢問韓星崔智友：「冬季戀歌劇中南怡島的長椅在否？」近年光是濟州島觀光收入一年便近20億美元。

台灣的情況如何？2007年世界經濟論壇（WEF）公布的觀光競爭力報告將台灣評為亞洲第四，領先南韓、泰國、中國，但是觀光旅遊收入卻僅居亞洲第九，連緬甸、印度都在台灣之上，台灣的好山好水顯然沒有轉化成觀光收入。

主要城市觀光人數及收入

城市	觀光客人數	觀光收入
韓國濟州島（2006年）	536萬人	19億美元
以色列耶路撒冷	231萬人	24億美元
中國杭州（2006年）	3,682萬人（外國觀光客182萬人）	69億美元
中國蘇州（2006年）	3,600萬人（外國觀光客156萬人）	51億美元
台灣（2006年）	352萬人	51億美元
香港（2005年）	2,335萬人	102億美元
梵谷居住的奧薇小鎮	120萬人	--
馬克思位於倫敦墓園	10萬人	--

資料來源：杭州、蘇州市政府等各網站，世界歷史軼事

行政院早在2002年也發現推動觀光業是台灣延續經濟成長的新路，於是提出「觀光客倍增計畫」，但幾年來政治掛帥的結果，把可能說的故事封殺殆盡，封掉中正紀念堂，拆掉蔣介石銅像，而這是大陸觀光客必到的景點。撇開政黨的恩怨，今天連德國人都張開雙臂歡迎當年他們視為異端的馬克思，而法國拿破崙的恥辱之地滑鐵盧也已由歷史價值取代政治判斷，台灣難道不能以理性看待這段往事，如此若能吸引觀光客，何必非毀掉不可？

台灣近百年的滄桑，先後受荷蘭、西班牙、日本的統治，所遺留

的古蹟文物、歷史故事不少，百年的滄桑足以轉化成吸引人的故事，而成為令人佇足留戀的地方，但這些年政府除了天天喊觀光客倍增，何曾細心思量，把發展觀光業當成一場戰爭，如臨深淵如履薄冰的計畫推敲？大約是沒有的。

觀光隨興發展 豈能有成

偶然看到韓流成功，心嚮往之，但五分鐘熱度一過便杳無音訊，看到泰國發展醫療觀光卓有成效，又號聲四起，同樣沒多久即石沉大海，忽然間看到新加坡、澳門發展觀光賭場，於是又倡議博弈產業，但半年過去又因社會觀感不佳，終於停擺，如此隨興發展觀光，豈能有成？

台灣發展觀光產業既無戰略，也無戰術，一路且戰且走，觀光客倍增至500萬人的目標，自然不可能實現，政府在上周已下修至400萬人，這形同宣布5年來的發展徹底失敗，惟究其過程，豈偶然哉？政府發展觀光產業這件事上必須學學韓國、德國、法國，將歷史恩怨轉化成觀光資產，只有創造更多故事才能吸引更多的遊客，否則台灣就算建造了最豪華的賭場，擁有最佳的醫療服務，恐怕也難以讓低迷的觀光產業振衰起敝。

工商時報　2007/10/21

誰有好的貿易條件

　　幾天前，政府公布去年的物價統計，這當中除了大家熟悉的消費者物價之外，其實還有兩項極少被提及的物價指數，分別是出口物價與進口物價。

　　說來奇怪，多數人關心台灣的出口成長、貿易順差，但卻少有人注意影響貿易前景至巨的出、進口價格。事實上，出、進口價格走勢所反映的正是一國的貿易條件，而貿易條件的變動非但左右了一國的貿易競爭力，更將影響民眾的實質所得。

　　貿易條件既然如此重要，那麼到底什麼樣的出、進口價格走勢才稱得上是貿易條件改善？

　　顯而易見的，當然是出口價格多漲一些，進口價格多跌一些（或少漲一點）。因為出口價格漲表示廠商收入增加，進口價格跌代表廠商成本減輕，廠商獲利，勞工加薪，豈不樂哉。

台灣貿易條件 走下坡

　　台灣的情況如何？根據主計處的資料，2011年在原油、穀物、銅、鎳等初級原料價格上漲的影響下，台灣的進口物價指數續升至123.5，而台灣主要出口產品如積體電路、精密儀器及資通產品價格全數走跌，以致台灣的出口物價指數仍在96.7的低水平，在出口物價未漲而進口物價大漲的情況下，台灣的貿易條件自然又進一步轉壞。

　　這10多年來台灣的貿易條件之所以每況愈下原因有二，第一是台灣出口的電子、資訊通訊產品所面對的是一個過度競爭的全球市場，出口價格因此年年下跌。第二是自2003年美伊開戰所造成的原油等初級原料行情走高，這使得台灣的進口物價連年狂漲。

國際上通常以出口物價除以進口物價來衡量貿易條件（term of trade，TOT），TOT愈高就表示貿易條件愈好，台灣自1998年亞洲金融風暴以來，出口價格快速下滑，TOT由141.1逐年下滑，自2003年美伊開戰後跌到119.1，近年在國際熱錢瘋狂炒作原物料價格下，2011年台灣的TOT已降至78.3的歷年新低。

台灣與澳洲的貿易條件

	台灣			澳洲		
	出口物價指數	進口物價指數	貿易條件	出口物價指數	進口物價指數	貿易條件
2002年	99.9	78.6	127.1	111.7	126.0	88.6
2003年	98.4	82.6	119.1	102.5	112.3	91.2
2004年	100.0	89.7	111.4	116.4	112.8	103.2
2005年	97.6	91.9	106.2	136.0	117.0	116.2
2006年	100.0	100.0	100.0	146.8	115.7	126.8
2007年	103.6	108.9	95.1	149.6	115.0	130.1
2008年	101.3	118.6	85.4	196.5	129.7	151.5
2009年	94.6	107.2	88.2	157.6	117.7	133.9
2010年	96.5	114.7	84.1	188.0	116.8	160.9
2011年	96.7	123.5	78.3	—	—	—

資料來源：主計處、澳洲統計局

提升產業結構 成關鍵

TOT的逐年下滑，代表一單位的出口品所能換取的進口品逐年減少，從生產面來看，台灣的生產量仍有不錯的成績，但這些生產在經由貿易交換回來的東西卻愈來愈少，其反映的正是實質所得遠不如實質生產，這些年人們每每無法感受到經濟成長，實非偶然。

自2003年美伊戰爭後，包括日本、南韓等能源高度仰賴進口的國家，貿易條件雖也有走下坡的現象，但由於其技術層次、產業結構持續升級，因此表現仍較我國為佳。這說明台灣今天貿易條件的惡化

雖有不可抗力的國際因素，惟10多年來產業結構未能適時地調整，恐怕才是真正的原因。

　　這波能源價格大漲苦了亞洲，但卻澤及產油國、澳洲及巴西這些自然資源豐沛的國家，近年貿易條件以驚人的速度改善，澳洲近八年的TOT已由91.2升至160.9，伴隨而來的是所得的增加，這些國家能有如此漂亮的貿易條件而盡收天下之財富，實在是老天爺特別的眷顧。

工商時報　2012/01/08

註1：實質GNP必須加上「對外貿易條件變動損益」之後才是實質GNI，除
　　　非是一個完全不進行貿易的國家，否則拿部分生產和別國貿易，至
　　　終能換得多少商品，係取決於貿易條件。
註2：由於近年台灣貿易條件惡化，因此實質GNP總是高於實質GNI，2010
　　　年從生產面觀察到的實質GNP為14.6兆，但從所得面觀察到的實質
　　　GNI僅13.6兆，相差的1兆即「對外貿易條件變動損益」。

為什麼美國不行，
亞洲就沒戲唱？

　　根據世貿組織（WTO）的統計，自2005年起亞洲的區內貿易已占貿易總量的50.3％，這個數據讓許多經濟學家相信亞洲經濟不再需要依賴美、歐，美國打個噴嚏也不會再令亞洲感冒。但近月在美國遭逢百年經濟浩劫下，亞洲出口哀鴻遍野，經濟一片狼藉，這證明了直到今天，亞洲還沒有富裕到足以圈地自保的水準，美國的重感冒終究會讓亞洲大病一場。

　　許多人不免要問：何以如此？一切的外貿數字不都顯示亞洲內部貿易依賴度升高，而對美、歐出口依賴度降低了嗎？以台灣而言，台灣對亞洲出口比率高達66％，而對美出口的比率僅12％，以南韓而言，對美出口比率也僅14％，亞洲區內貿易熱絡，尤以對中國出口一日千里，台、韓對中國出口依賴度去年已達30％、22％，從這些數據研判，能影響亞洲經濟者，中國也！何以美國經濟衰退，竟也重創亞洲各國的出口？

　　要而言之，前面這番美國對亞洲影響力式微的論述，僅從最終呈現的貿易量推論而得，看似有理，其實大有問題，因為這樣的推論已將「商品貿易」與「材料貿易」混為一談。18世紀亞當斯密的時代，兩國貿易的內容多是威士忌、毛衣、小麥等最終消費商品，但今天在全球化生產下，除了有商品貿易外，還有材料貿易，貿易的內容除了咖啡豆、威士忌、毛衣、電腦外，還包括半導體、苯乙烯、人纖和鋼材等。

　　很明顯，材料貿易是由商品貿易所誘導出來的，因為有汽車、電腦、毛衣的進口需求，才會衍生出半導體、人纖及鋼材的貿易往來。試想，如果全球對汽車、電腦、毛衣的需求下滑，那麼鋼材、半導

體、人纖的貿易豈有熱絡的道理？

因此，儘管中國去年進口規模已達1.1兆美元，居全球第二，但進口的內容多屬半成品、零組件等原材物料而非最終消費商品，這些材料在中國這個世界工廠加工後成為電腦、手機、家電、巧克力、汽車、毛衣後再輸往美、歐。顯然亞洲區內貿易型態多屬材料貿易，而非商品貿易，而全球最大商品需求仍在富裕的美、歐，是以美、歐的買氣下滑，亞洲即無以獨強，縱有區內50％的貿易比率，但當亞洲對美歐的商品貿易動能消失，這50％的區內貿易自然也就無以為繼了。

2008年1-11月我對大陸出口前十大貨品

	對大陸出口金額 （億美元）	占對大陸出口比率 （％）
積體電路及微組件	193.8	20.4
液晶裝置	160.3	16.8
發光二極體	35.1	3.7
汽柴油等油品	29.5	3.1
電音響信號器	23.6	2.5
苯乙烯之聚合物	23.0	2.4
自動資料處理器零件	21.3	2.2
對苯二甲酸	15.8	1.7
非環醇及其鹵化衍生物	15.0	1.6
電容器	12.3	1.3
合計	529.7	55.7

資料來源：國貿局

我們查閱兩岸貿易統計可以證實材料貿易盛行於亞洲，以4位碼的HS code（國際通用的商品分類）排序，台灣去年對大陸出口的前20名全是半成品、原材料及零組件，其中有9項是苯乙烯、合成纖絲等石化原料、而前二名是積體電路及液晶顯示器的半成品，前20大項占台灣對大陸出口總額的66％。

莫看美國人口僅3億，占全球4.4％，但進口規模卻占全球14％、GDP占全球25％，甫公布的美國貿易統計顯示，去年美國商品進口高達2.1兆美元，很顯然這2.1兆美元的進口內容和中國1.1兆美元進口的內容，差異頗大，其中極大的比例是最終商品，試想，當金融海嘯迫使這個全世界的消費引擎熄火，在商品貿易萎縮下，材料貿易還有什麼戲可唱？

2008年台灣接單與出口結構的差異

	台灣外銷訂單來源	台灣出口地區結構
總　　　計	100.0%	100.0%
美　　　國	23.3%	12.0%
中國大陸	25.0%	39.0%
歐　　　洲	18.9%	11.7%
日　　　本	10.5%	6.9%
其他地區	22.3%	30.4%

資料來源：海關統計，經濟部

長久以來，多數人沒有明辨「商品貿易」與「材料貿易」間的差別，僅看亞洲區內貿易急速擴大，即認為亞洲區內經濟足以自給自足，殊不知沒有了區外美、歐的需求，區內的貿易也難以維繫。去年12月大陸出口衰退2.8％，此一衰退即導致台、韓、日對大陸出口以兩位數下滑，這說明在亞洲人尚未富起來之前，在彼此貿易還都是以材料、零組件為主時，美國打噴嚏，台灣、南韓及中國等亞洲國家還是會得重感冒的。

工商時報　2009/02/22

從關稅看各國保護主義

　　美國在1930年發生大蕭條後，除了通過霍利史姆特（Hawley-Smoot）關稅法案，將關稅提高至60％，保護自家產業外，為消化庫存，更四處傾銷。那個年代，中國甫完成統一，工業基礎薄弱，自然成為美、歐掠奪的對象，外來產品長驅直入，國貨無人聞問，為此上海、青島曾發動了幾場波瀾壯闊的愛用國貨運動，以「國貨救國」為號召，鼓動民族經濟，將1933年訂為「國貨年」，南通棉花所織成的布更命名為「雪恥布」。

　　看來，愛用國貨運動是不分東西，也不分古今的，美國自二戰結束後，雖深知1930年代實施保護主義帶來的災難，於1947年邀集主要國家進行關稅減讓，並簽署關稅暨貿易總協定（GATT），但事實上，美國一面在世界舞台將自由貿易高唱入雲，另一面仍不改保護自家產業的本性，根據1992年GATT的貿易政策檢討報告，許多國家指控美國菸草、紡品、成衣、鞋類的關稅稅率高逾20％，與美國所倡議的自由貿易背道而馳。

　　尤有甚者，歐盟更在報告中直指，美國有30州制定有「購買美國貨」法，並且經常以國家安全為理由封閉市場。而加拿大的紡織品、成衣、皮鞋及船舶遊艇關稅介於20％至30％，也引起其他GATT的締約成員撻伐。此外，韓國所推行的「新生活運動」、歐盟的反傾銷調查、日本的進口檢驗檢疫措施，皆被認為嚴重影響自由貿易，有保護自家產業之嫌。

　　全球所有國家雖言必稱自由貿易，但大部分搖著自由貿易的大旗，只是要別人開放市場，讓自己能夠自由貿易，至於自家的市場便絕口不提「自由貿易」，改以「公平貿易」稱之，例如別國成衣價廉

物美、長驅直入，這本是自由貿易的結果，但只要改以「公平貿易」的標準，即可課以反傾銷稅，保護自家產業，何樂不為？這幾年來只要景氣轉差，這樣的反傾銷大戲就會在各國上演，但說穿了，這根本就是愛國主義的幽靈在作祟。

2009年我國相關產品的關稅

相關產品		相關產品		
石油腦	汽油	粗糖	精製糖	
0%	10%	6.25%	17.5%	
積體電路	電視機	玉米	玉米粉	
0%	10%	20%	6.0%	
黃豆	大豆油	小麥	麥片	餅乾
0%	5.0%	6.5%	17.0%	25%
鐵礦	鋼製品	咖啡豆	紅茶綠茶	
0%	6.2%	0%	17.0%	

資料來源：國貿局

各國為保護重點產業，總是會高高地築起關稅壁壘，台灣自然也是如此，觀察台灣的關稅稅率會發現一個有趣的現象，同樣是糖，進口精製糖要課17.5%的關稅，但是進口粗糖所須支付的關稅僅6.25%，這樣的設計顯然是為維護國內製糖業的競爭力。

再如進口咖啡豆，是零關稅，但進口紅茶及綠茶卻要被課以17%的高稅率，主因茶葉是台灣發展的重點農業，而咖啡豆產量有限，並非台灣主要作物。再如進口黃豆、鐵礦砂、石油腦都免稅，但是其經煉製後的產品則都須課以較高的稅率，這同樣也是為保護台灣相關產業所採取的作法。

自由貿易倡議多年，雖使得全球近20年來的貿易總額由4兆美元升至28兆美元，但迄今各國或是隱於關稅之內，或隱於關稅之外，或以愛國主義為訴求，或以公平貿易為理由，或以新生活運動為藉口，或以國家安全為考量，或粗暴的、或文雅的，所彰顯的就是那深

藏於人心中最深處的族群意識，當景氣好時，這個族群意識會被自由貿易化解於無形，一旦景氣轉差，像霍利史姆特法案、購買國貨等法案都將一一出現，歷史告訴我們，蕭條的景氣總是會把人心中族群幽靈，重新呼召出來。

全球貿易量估計今年將衰退2成，美、歐、日本及亞洲四小龍預測都將出現經濟衰退，在這樣蕭條的大環境下，許多國家又已開始推行愛用國貨運動。這告訴我們，不論自由貿易有多輝煌的歷史，有多理性的遊戲規則，只要經濟持續衰退下去，族群的自利行為終將再掀起貿易保護主義的狂風巨浪，1930年代如此、2001年如此，今年，當然也不會例外。

工商時報　2009/03/01

何方圓之能周兮

　　近日美國總統歐巴馬為TPP（跨太平洋夥伴協定）大聲疾呼，宣示明年將完成協商的法律文本。但是由參與TPP談判的國家研判，這個自由貿易區要形成，並不容易。

　　TPP是以新加坡、汶萊、紐西蘭及智利在2005年所簽署的P4自由貿易協定（FTA）為基礎向外擴張，如今美國、越南、澳洲、秘魯、馬來西亞及日本也擬加入，因此大家必須就未來如何開放市場、調降關稅進行協商。

　　美國推動TPP看來聲勢浩大，志在必得。不過，從近半世紀的貿易談判歷史可以知道，當參與談判者愈多，共識就愈難形成。早年世貿組織（WTO）前身關貿總協定（GATT）輕輕鬆鬆可以獲致協議，但自1973年東京回合以來，由於參與成員激增，共識愈來愈難凝聚。

杜哈回合10年無所獲

　　1986年的烏拉圭回合談判，參與成員增至123國，歷經8年才獲致協議，此一回合各國忍痛降稅，幾已達極限，美、歐、紐、澳等國的平均關稅稅率已降至3％。惟美國的成衣、糖製品稅率仍逾10％、瑞士的糖製品、油籽種子更逾20％，於是2001年展開杜哈回合談判，擬藉由「瑞士公式」進一步調降關稅，惟漫漫10年，終無所獲。

　　杜哈回合10年來反覆折衷，終難形成共識的原因雖多，但最大的原因仍在於談判者眾多，已開發與開發中國家的立場難以一致，也因此近10年各國逐漸淡出多邊而轉進雙邊的自由貿易協定（FTA），

因為兩國彼此開放市場、調降關稅的工程顯然容易多了。

如今美國擬透過TPP擴大在亞洲經濟的影響力，這個戰略上的意義甚為明顯，但是由於參與TPP談判的成員愈來愈多，而且各成員國的經濟水準、自由化程度落差不小，如此而欲在短期間獲得共識，實難如登天。

以所得水準來看，有意參與TPP談判的美、澳如今每人GNP逾4萬美元，而越南僅1,000美元；以出口規模而言，美國幾可以一敵十；而以自由化水準來看，紐、澳已無關稅逾10%的項目，而美國仍有1成農產品關稅逾10%，日本有3成農產品稅率逾10%，至於越南則高達3分之1的工業產品、5成3的農產品稅率超過10%，各國經濟差異之大，於此可知。

自由貿易協定無非是要各國開放市場，調降關稅以讓成員彼此利益均霑，但以澳、紐這樣的農業大國豈能不要求美、日、越調降農產品關稅？而以美、日這樣的服務業強國又豈能不乘此機會要求各國開放市場？如此看來，杜哈回合的僵局勢將在TPP重現。

TPP部分成員2010年概況

	每人GNP（美元）	平均關稅稅率（%）	人口（萬人）	出口（億美元）
美　　國	46,860	3.5	30,120	18,318
紐 西 蘭	32,162	2.1	434	326
澳大利亞	55,671	2.8	2,249	299
馬來西亞	8,140	8.0	2,872	2,076
越　　南	1,046	9.8	8,693	718

註：關稅稅率為最惠國待遇（MFN）的稅率
資料來源：WTO、IMF、國貿局

美不讓步 TPP難成局

10年前美國貿易代表白茜芙在國會審查是否給予中國永久正常貿易關係（PNTR）時曾引述中國詩人屈原的詩：「鷙鳥之不群兮，

自前世而固然，何方圓之能周兮？夫執異道而相安？」今天，除非美國真願做出重大讓步，否則TPP將如詩中所言，方與圓要彼此相容，只怕是個遙不可及的夢想。

工商時報　2011/11/20

註1：全球工業國家關稅平均稅率雖低，但7,200項工業產品中仍隱藏著若干20％、30％的高關稅，瑞士公式為T1=A*T0/（A+T0），T0為原稅率，經此公式轉換的新稅率T1，恆小於A。

註2：離騷：「鷙鳥之不群兮，自前世而固然，何方圓之能周兮，夫執異道而相安？」意指方的與圓的無法融合，兩個志趣不相同者也不可能和諧地相處在一起。

台韓經濟20年

隨著美韓自由貿易協定（FTA）生效，台韓的競爭將進入新階段。多數人總以為缺了FTA，台灣在這場競賽裡將居於下風，但從各國實施FTA的經驗研判，應不至於如此悲觀。

不容否認的是，FTA藉由互免關稅，確實有助於雙邊貿易，提升彼此的市場占有率，但簽署的兩造是否就因此使自己的競爭力永遠立於不敗之地？並且超越所有競爭對手？很難說。

1994年生效的北美自由貿易協定（NAFTA），讓墨西哥商品在美國市場占有率由6.7％一路升至2000年的11.1％，這項協定提升了墨國在美國市場的競爭力，惟值得注意的是，協定的另一個簽署國加拿大在美國市場的表現卻沒有想像中的好，反而由1993年的19.2％，降至2011年的14.3％。

不須為了FTA 委曲求全

由此可知，影響一國競爭力的因素甚多，除了關稅之外，產業結構、產品品質、技術層次及通路策略也同樣重要。換言之，沒有簽署FTA只是減少一分優勢，並非失去一個市場，還不到需要呼天搶地的地步，政府決策者更無須自亂陣腳，為了簽署一紙FTA，而委曲求全地向美、歐做出什麼承諾。

我們只要回憶過去20年台、韓經濟競爭的經驗即可明白，這段期間韓國並沒有與主要貿易夥伴簽署FTA，但卻依然有凌厲的競爭力，快速地在美、歐及大陸市場超越其他對手，如此不可思議的成長力量，並非來自FTA，而是來自其綜合的國力。

台灣在20年前，幾乎每項經濟指標都在韓國之上，1990年台灣

人均GDP達8,086美元，比南韓高出2,000美元；出口規模672億美元，也高於南韓；在美國市場占有率4.6％，遙遙領先南韓；在大陸市場占有率12.2％，更足足是南韓的2倍。

1990～2000年這10年間，南韓還曾被亞洲金融風暴波及，1998年韓元急貶、出口驟降、外匯流失、失業狂升，當人人皆以為漢江奇蹟沉入江底之際，南韓已走出風暴，不僅韓流風靡亞洲，出口也大幅成長，於2001年在美國市場占有率超越台灣，2004年在大陸市場追上台灣，台灣長期居於領先地位的人均GDP更在2005年被南韓迎頭趕上。

近20年台韓經濟比較

		1990年	2000年	2010年	2011年
人均GDP（美元）	台灣	8,086	14,641	18,588	20,139
	南韓	6,307	11,292	20,759	23,749
出口總額（億美元）	台灣	672	1,483	2,746	3,083
	南韓	650	1,722	4,664	5,578
在美國市場占有率	台灣	4.60%	3.33%	1.88%	1.87%
	南韓	3.74%	3.31%	2.55%	2.57%
在大陸市場占有率	台灣	12.20%	11.33%	8.30%	7.17%
	南韓	6.30%	10.31%	9.90%	9.28%

註：1990年在大陸市場占有率，實際所列為1994年統計
資料來源：世界銀行、經濟部

擴張版圖 不能單靠FTA

遙想10多年前，台灣出口還領先南韓，但是去年台灣出口3,083億美元，竟只有南韓出口規模5,578億美元的一半，彼長我消的態勢極為明顯。10多年來台韓經濟版圖的變化，無關FTA，這說明外貿競爭力的強弱，終究是取決於政府的總體政策及綜合國力，沒有FTA，在多邊貿易體系的最惠國待遇下，照樣可以打美好的仗。

　　FTA確實可以創造出口的優勢，但別忘了它也將帶給內需產業可觀的壓力，天下沒有白吃的午餐，當我們寄望別人降低關稅時，別人豈不也會要求台灣這麼做？求人不如求己，自助而後天助，此刻政府與其低聲下氣乞求美、歐洽談FTA，倒不如研提可行的總體經濟政策，讓人刮目相看。

工商時報　2012/03/18

註1：在世貿組織（WTO）這個多邊貿易體系裡，要求會員須一視同仁對待所有會員，此即最惠國待遇（MFN），為加速貿易自由化，GATT第24條及GATS第5條特別讓FTA享有MFN原則的例外。

註2：WTO這個多邊體系經過八個回合的貿易談判，多數已開發國家平均關稅稅率已相當低，以2009年而言，美國、歐盟所進口的工業產品總值裡，就已有高達半數享有零關稅待遇。

台灣外貿最大的風險

什麼是當前台灣外貿所面臨的最大風險？不少人可能會認為隨著全球經濟結盟，而台灣無法參與，這便是台灣外貿最大的風險。

這個說法不能算錯，因為我們的總統、院長、部長經常強調如果沒有洽簽自由貿易協定（FTA），台灣就會被邊緣化，近日官員們甚至連韓國總統李明博那句「FTA不是政治問題，而是生存問題。」也跟著倒背如流。

然而，我們若認真查考台灣的出口，會發現，台灣今天所面臨的最大出口風險並非簽不簽FTA，而是台灣出口過度集中在少數幾項明星產業，以去年而言，台灣出口總額裡即有4成是電子與資通訊產品。

出口過度集中於電子業，平時看不出壞處，但是當全球電子業景氣反轉時，台灣即有高達4成的出口受創，其影響透過產業關聯又波及各行各業，對總體經濟的傷害至鉅。2001年當全球網路泡沫破滅時，台灣出口衰退16.9%，嚴重程度超越其他三小龍；2009年當金融海嘯席捲全球時，台灣的出口衰退20.3%，同樣又是四小龍最嚴重者。

韓出口產品分布平均

台灣出口結構真的不均衡嗎？以國際通用的貨品號列（HS code）加以檢視之後，可以發現2011年積體電路、二極體及印刷電路這三項電子零組件占台灣出口比率高達23.3%，而同樣這三項僅占南韓出口的8.7%，台灣出口過度集中的情形，於此可知。南韓出口產

品分布的非常平均，面板、手機、汽車、船舶、汽油皆占有舉足輕重的地位。

反觀，台灣除了半導體、面板之外，其餘出口產品比重皆遠不如南韓，南韓均衡的出口結構，使南韓外貿不易受單一產業循環的影響。因為當半導體景氣低迷之際，說不定汽車、船舶景氣正好，而當汽車、船舶景氣趨冷之時，也許手機、面板正熱，如此便降低了出口全軍覆沒的風險。

事實確實是如此，2001～2011年台灣平均出口成長率僅7.7%，遠低於南韓的12.1%，彼長我消的原因雖多，但不可否認的是，一個均衡的出口結構，正是讓南韓脫穎而出的重要原因。

台灣在今年的IMD競爭力排名退步一名，這次退步無關政府效能，而是台灣外貿表現退步十名所致，而台灣外貿之所以會退步這麼多，這又與台灣這個出口結構息息相關，這個向電子業過度傾斜的結構若不能改善，台灣的外貿永遠不可能穩定的成長，若外貿不能穩定成長，則台灣的產業不可能累積人力資本而創造更高的附加價值，至終台灣經濟將難以脫離當前停滯的困境。

2011年台韓出口結構

貨品名稱	HS	台灣	南韓
電子零組件	8542、8541、8534	23.3%	8.7%
液晶裝置	9013	5.6%	5.0%
汽柴油等油品	2710	5.5%	9.1%
手機	8517	3.3%	4.6%
汽車及零組件	8703、8708	1.4%	11.3%
船舶	8901、8905	0.2%	9.7%

註：HS係國際通用的貨品號列　　　　　　　資料來源：國貿局

改善集中化 傳產扮要角

　　政府目前積極推動與美、歐洽談自由貿易協定（FTA），若這個協定能讓台灣具潛力的傳統產業獲美、歐零關稅待遇，自可帶動傳產的出口，自然有助於改善台灣出口的結構，有鑑於此，政府自應將總體政策與談判策略做一整合的規劃才是。

工商時報　2012/06/03

註1：出口結構取決於產業結構，而產業結構的形成與政府的產業政策息息相關，過去10多年在促產條例的獎勵下，台灣製造業投資有7成流向電子業，間接創造了今日出口結構的失衡。

註2：雞蛋不宜放在同一個籃子裡，其目的在於降低風險，同理，一國的產業、出口也不宜集中在少數幾項明星產業，否則一國經濟很容易受到一、二項產業景氣的影響而大好大壞。

全球關稅有多高？

　　近來政府高層經常表示，若不盡速洽簽自由貿易協定（FTA），台灣就會被邊緣化。他們的邏輯是：如果南韓在美、歐等市場享有更低的關稅待遇，台灣的出口就會居於劣勢。

　　透過FTA所形成的自由貿易區，確實會帶來貿易轉向效果，不過，這個轉向效果的大小，則須視區內與區外的關稅差距而定，差距大則貿易轉向效果大，差距小則貿易轉向效果就不至於那麼嚴重了。

區內、區外差在哪？

　　令人好奇的是，區內與區外的關稅相差很大嗎？如果在10年前，差距確實不小，但如今差距並沒有那麼大。以工業產品而言，雖然區內可享零關稅，但多數國家對區外課徵的關稅已不高，2010年美國的平均關稅稅率（MFN）僅3.3％，若以進口金額加權計算後的實質關稅稅率更只有2.0％。

　　事實上，非僅美國對區外的國家這麼仁慈，2010年日本對工業產品所課徵的實質關稅也只有1.4％，而歐盟也不過2.7％，新加坡及香港工業產品的平均關稅稅率甚至已降至零。

　　回顧近百年貿易史可以發現，原來大家並不仁慈，1930年代保護主義風行時，美、歐關稅曾高達40％、50％，但一場大蕭條讓各國明白關稅太高無益於經濟發展，於是二戰結束後在日內瓦簽署了關稅暨貿易總協定（GATT，世貿組織的前身），自1947年展開多邊貿易談判，歷時40餘年，連續八個回合的談判，讓戰後高達40％的平均關稅稅率降至目前約3％的水準。

如今只要是世貿組織（WTO）的成員都可以享有這些降稅的好處，雖然日本、台灣、中國和歐盟沒有與美國簽署FTA，但在多邊貿易體系之下，如今超過60％的輸美產品也享有免關稅的待遇；同樣的，台灣、中國、日本和美國雖然也沒有與歐盟形成自由貿易區，但拜多邊貿易體系之賜，也有超過45％輸歐產品無須繳納一毛錢的關稅。

各國2010年的關稅

	工業產品平均稅率	工業產品實質稅率	進口總額裡免關稅的比例
歐　　　盟	4.0	2.7	51.4
美　　　國	3.3	2.0	51.4
加 拿 大	2.6	2.7	60.1
日　　　本	2.5	1.4	82.1
南　　　韓	6.6	3.5	39.1
新 加 坡	0.0	0.0	100.0
台　　　灣	4.5	1.8	73.5
中 國 大 陸	8.7	3.8	50.6

註：平均稅率係MFN，實質稅率則以2009年貿易額加權平均。
資料來源：世界貿易組織　　　　　　　　　　　　　　單位：％

全球已同處低關稅環境

多邊貿易體系已讓全球處於一個低關稅的環境，尤以1986～1994年烏拉圭回合談判的成就最大，其中「零對零方案」讓農機、啤酒、營建設備、醫療器材、紙、藥品、烈酒、鋼鐵產品及玩具的關稅於10年內降至零，而台灣出口最大宗的電子資訊產品，多數也已列入1997年的資訊科技協定（ITA），可享有零關稅待遇。

WTO這個多邊貿易體系雖在新回合談判觸礁，但歷次的降稅協定已讓全球5、6成的貿易得以在沒有關稅的環境下往來，實現了古典經濟學家的自由貿易思想。

　　當然，直到如今各國基於糧食安全、就業機會等因素，還是會對農產、紡品、成衣課以較重的關稅，例如美國紡品平均稅率7.9％、成衣11.7％，歐盟水果11.1％、漁產品10.5％。顯然這個層次的自由化，只有透過簽署FTA等雙邊協定才能加以排除。

　　回顧近50年來全球貿易環境的變遷，自由貿易在多邊與雙邊的天平上擺盪前進，未來台灣在天平的兩端該分別加上多少砝碼，才符合台灣的最大利益，決策高層必須深思。

工商時報　2012/05/27

註1：世貿組織（WTO）前身關貿總協定（GATT）自1947年展開第一回合貿易談判，當年只有23國參與，1986～1994年烏拉圭回合談判時增至123國，如今這個多邊貿易組織已有155個成員。

註2：WTO的最惠國待遇（MFN）讓所有成員享受同樣的關稅待遇及市場開放，為加速貿易自由化，GATT 1994第24條及GATS第5條特別允許關稅同盟、自由貿易區得享有MFN的原則例外。

第13篇

貧富差距與
世代的負擔

經濟學遺失的一章

今天許多經濟學家認為，不論所得分配如何，競爭總可以極大化總體經濟效用，但19世紀後期的經濟學家馬歇爾（A.Marshall）、魏克賽爾（J.G.K.Wicksell）則主張：「如果所得分配不適當，則完全競爭就不是最佳的。」

他們兩人認為完全競爭市場所產生的所得移轉，將會形成極大的不公平，任何對完全競爭的干預，把富人的所得移轉給窮人，對於經濟社會都是有利的。

可惜，馬歇爾、魏克賽爾的主張後來極少被提及，成為經濟學裡遺失的一章，而強調自由競爭可以創造最大福利的論述卻主導了近半個世紀的全球經濟。如今不論是世貿組織（WTO）所推動的貿易自由化、各國所推動的市場自由化，都被認為是帶動經濟成長的必經之路。

所得差距 經濟成長難解

但事實上從近年各國發展的經驗可發現，一個只重視自由競爭而漠視所得分配的成長模式，非但會使社會陷入貧富不均的困局，並且也將抑制GDP成長的動能，這樣的自由競爭對於經濟社會總效用顯然不是最佳的，馬歇爾、魏克賽爾能在百年之前提出此一看法，確有先見之明。

不過，像馬歇爾、魏克賽爾這樣的先知畢竟不多，今天多數人仍相信自由化可解決一切問題，這些日子因為台灣的五等分位所得差距創下史上新高8.2倍，面對這個問題，總統馬英九總是對外表示，隨著今年8.2%的經濟成長，台灣的所得差距將可獲得紓解。

馬總統這番論述是依據2001～2003年的經驗，只是這個經驗的立論並不堅強，隨後幾年台灣的所得差距又開始擴大，這個經驗告訴我們，長期而言，若非有一個均衡的產業結構，經濟成長根本不可能改善所得分配。

　　今天台灣的產業結構均衡嗎？答案是否定的。我們觀察近20年台灣各業薪資的標準差可發現，1986年製造業各行業月薪的標準差僅3,620元，至2007年標準差竟擴大至16,192元，這代表產業間薪資差異近年來快速擴大，而在這樣的行業結構下，經濟成長非僅不能改善所得分配，甚且將使貧富差距的問題益趨嚴重。

台灣近年的成長與分配

	經濟 成長率	所得差距	
		原始所得	可支配所得
1999年	5.97%	6.47倍	5.50倍
2000年	5.80%	6.57倍	5.55倍
2001年	-1.65%	7.67倍	6.39倍
2002年	5.26%	7.47倍	6.16倍
2003年	3.67%	7.32倍	6.07倍
2004年	6.19%	7.41倍	6.03倍
2005年	4.70%	7.45倍	6.04倍
2006年	5.44%	7.45倍	6.01倍
2007年	5.98%	7.52倍	5.98倍
2008年	0.73%	7.73倍	6.05倍
2009年	-1.91%	8.22倍	6.34倍

註：上表為五等分位家庭所得差距，原始所得經課稅、加上津貼後即可
　　支配所得。
資料來源：主計處

貧富不均 國家難久安

所得差距擴大代表有人分享到更多成長的果實,有人可能分享不到,造成這樣的分配當然與每個人的稟賦、學識、能力有關,但更多時候是和一國的產業、教育、賦稅政策有關,不過無論如何,所得分配的擴大必然帶來社會的不安,更將使得完全競爭的總體經濟效用大打折扣。

馬歇爾、魏克賽爾對只著重競爭、成長的主流論述提出的反省,值得深思。其實無須高深的經濟理論,從人心思考,看到中產家庭貧困如此於心何忍?一個失去和諧的社會又如何成長繁榮?誠如羅斯福所言:「在一半繁榮,一半破產的國家裡,是無法達到持久繁榮的。」

台灣去年所得差距擴大不僅反映產業政策的失衡,也反映出賦稅制度的失當,如此而想使台灣經濟在未來幾年穩定成長,恐怕比登天還難。

工商時報　2010/10/03

註1:所得差距、貧富差距相同嗎?嚴格說,前者僅衡量家庭間年所得的差距,而後者則把房地產等資產也納入比較,是不同的。惟以貧富差距4個字較容易引發共鳴,只要不生誤解,以之為文並無不可。

註2:市場和政府。市場依供需法則來分配所得,政府則基於社會正義透過發放津貼、累進稅制來進行重分配。政治家和政客的差別就在於他們到底用什麼手段來進行重分配。

附加價值的迷思

經濟指標可分為熱、冷兩類，失業率、通膨率、薪資所得、GDP由於與每個人切身相關，當屬熱門指標，而當GDP換一個說法，稱其為附加價值（value added）時，多數人可能已不知其為何物。

附加價值這項指標已經很冷，附加價值率更冷，但在上周經濟部長施顏祥宣示要把台灣製造業附加價值率提升至28％之後，引來不少的討論，大家都認為台灣的附加價值率每況愈下，是該振作一下了。

要明白附加價值率，先得明白附加價值，然而許多人一想到附加價值，就與企業的利潤聯想在一起，事實上，兩者內涵不盡相同。一國全體產業在一年之內創造的生產總額（gross output），扣除電力、原材料等中間投入成本之後，即得到附加價值，附加價值最後會分配給各生產要素做為報酬。

分配不均 貧富拉大

以去年為例，台灣創造的附加價值為13.8兆元，其中受僱人員報酬分得6.3兆元，營業盈餘分得4.6兆元，另有2.1兆元為認列機器設備的折舊，還有0.8兆是間接稅，換言之，企業的利潤僅僅是附加價值的一部分而已。

還是以去年為例，如果附加價值為100％，利潤（營業盈餘）占33.5％，受僱人員報酬占45.7％，若以近20年的分配加以觀察，則會發現分配給大股東的盈餘持續增加，而分配給受僱者的報酬卻由10多年前的50.5％一路下滑，所得分配如此消長，難怪去年國人薪資停滯，但從台中港通關進口的百萬名車仍逾2萬輛。

我們若不細查，相信有9成的人一定會以為企業的利潤增加即代表附加價值升高，但在明白兩者的定義之後，即可了解，有時企業利潤的增加僅是降低勞動報酬的結果，這自然不可謂之附加價值提高。真實的附加價值增加，絕非利潤與工資的零和遊戲，而是利潤與工資同步成長。

台灣附加價值的分配

	GDP	間接 稅淨額	固定資 本消耗	受僱人 員報酬	營業 盈餘
1991年	100.0	9.7	8.7	51.6	30.0
1996年	100.0	8.5	9.5	50.5	31.5
2001年	100.0	6.1	12.0	48.3	33.6
2006年	100.0	5.8	13.3	46.6	34.3
2011年	100.0	5.7	15.1	45.7	33.5

資料來源：主計總處　　　　　　　　　　　　　　　　單位：%

一味降稅 無濟於事

在明白了附加價值的概念後，我們要來解釋一下何謂「附加價值率」，所謂附加價值率即是以附加價值除以生產總額，這一比率愈高即代表同樣的生產總額（營收加年底存貨等）能創造更多的附加價值，這恰與台灣巨量微利的產業模式相反，由此可知，台灣製造業的附加價值率會落至21％，而美、德、日仍逾30％，實非偶然。

遺憾的是，政府近年所提的產業政策無非就是降稅與放寬外勞配額，然而如今台灣的營所稅率已降至17％，遺贈稅率降至10％，整體的賦稅負擔率僅12.8％，幾乎是歐洲的一半，也遠低於日、韓、星、港、中，如果這樣還無法吸引到好的投資案，這就證明問題不在租稅，再提降稅方案非但無助於附加價值率的提升，反將拖垮財政。

想想美國、德國、法國，他們的產業附加價值率如此之高，豈是以降稅換得的？經濟部若真要追求28％的附加價值率，自應另謀善策，而不應成天繞著降稅、外勞打轉。

工商時報　2012/12/16

註1：附加價值，就是人們熟悉的GDP，而附加價值率就是附加價值占生產總額的比率。2010年台灣製造業生產總額16.67兆元，附加價值3.54兆元，因此附加價值率為21.2％。

註1：台灣的賦稅負擔率（稅收占GDP）在2011年為12.8％，中國大陸19.0％、新加坡14.1％、香港14.0％，2年前德國22.9％、法國25.7％、英國27.6％，相較之下，台灣最低。

賦稅還有重分配效果？

最近總統馬英九談到富人繳很多稅，並且說，台灣算是亞洲貧富差距狀況最好的國家之一。事實上，這兩個命題皆有待商榷。

馬總統以2008年最有錢的4萬戶所繳的稅占綜所稅46.8%，認為有錢人已繳比較多的稅，惟依量能課稅的原則，有錢人多繳稅早已是普世價值，這項數字並不讓人意外，政府該告訴我們的是國內富人所貢獻的稅收是否高於美、歐、日、韓？

重分配效應日益微弱

雖然我們還沒有國際資料可比較，但從我們的家庭收支調查報告發現，受減稅影響，近年高所得家庭的實質稅率並不高，也正因如此，賦稅原本該具有的所得重分配效果，自2009年起日益微弱，總統以2008年的資料來論述財政問題，有欠周延。

在此要先解釋，何以賦稅具有所得重分配的作用，我們過去不論是綜合所得稅、土地增值稅、遺產稅都是採累進稅率，也就是收入愈多者所適用的稅率愈高，而中產家庭適用較低的稅率，於是原來依市場分配的所得差距在課完稅之後會明顯縮小，此即賦稅的重分配效果。

既然稅制具重分配作用，這些年我國稅制在改善所得差距上的效果如何？以5等分位所得差距而言，3年前還可以讓所得差距縮小0.15倍，但如今已降至0.11倍，這反映隨著近年政府持續減稅，不同所得層級者的實質稅率已日趨接近，以致賦稅原來該具有的重分配效應逐年式微。

從這個賦稅重分配效果如此微弱看來，即可明白台灣的富人雖然

繳了較多的稅，但其所發揮的縮減貧富差距效果，已然微乎其微。馬總統所提的資料係2008年，這一年賦稅的重分配效果還高達0.15倍，但歷經這3年的減稅，如今賦稅的重分配效果已遠遠不如昔日。

我們將國內700多萬戶家庭的所得由低至高排序分為5等分（每等分約150萬戶），2006年最高所得組平均每戶1年上繳9.1萬元的稅，2008年9.2萬元，2009年8.4萬元，至2010年已降至7.4萬元，這說明富人所繳的稅雖比中產家庭多，但長期卻呈下滑趨勢。

改善所得分配除可自賦稅面著手，也可由補貼經濟弱勢者為之，近年政府不斷地加碼老農津貼等福利支出，1年社福預算已高逾3,200億元，也因此社福支出對所得差距的改善效果已由10年前的0.1～0.8倍升至如今的1.4～1.7倍。

賦稅的所得重分配效果

	2006年	2007年	2008年	2009年	2010年
原始所得差距(a)	7.45	7.52	7.73	8.22	7.72
福利支出效果(b)	1.29	1.40	1.53	1.75	1.42
賦稅效果(c)	0.15	0.14	0.16	0.13	0.11
重分配後的所得差距(a)-(b)-(c)	6.01	5.98	6.05	6.34	6.19

資料來源：2010年家庭收支調查報告　　　　　　　　　單位：倍

舉債辦社福 絕非善策

這些年儘管5等分位原始所得分配差距擴大至7.5～8.2倍，但經政府重分配後總能降至6.0～6.3倍，這全是拜社福之賜，然而社福支出雖有如此顯著的重分配效果，但我們不禁要問：錢要從哪裡來？看看希臘等歐元區的情況可以明白，舉債辦社福絕非善策。到頭來還得要有足夠的稅收才行，政府目前這種一面減稅，一面擴大社福的作法，看似改善了所得差距，但豈能長久？

工商時報　2012/02/05

註1：每個人的稟賦命運不同，在市場競爭下有人收入高，有人收入低，
　　　以人口為橫座標，所得為縱座標即可畫出所得分配的情況，當財富
　　　愈集中於少數族群，則顯示所得分配惡化。

註2：在稟賦、命運及市場所形成的所得分配經常呈現富者愈富、貧者愈
　　　貧，這非僅對經濟的穩定成長不利，也有違社會正義，因此須仰賴
　　　政府以賦稅、社福來進行「重分配」。

我的未來不是夢？

　　我國百年經典10大名曲裡有一首「我的未來不是夢」，當年這首歌風靡全台鼓舞了不少年輕人。但是隨著愈來愈貴的學費、愈來愈低的起薪，加上愈來愈沉重的房貸，年輕人對前途已倍感茫然，政府擘畫的願景也已愈來愈像黃粱一夢。

　　這些年不但大學畢業生的起薪下滑，就算工作4、5年之後的收入也同樣一年不如一年，以25～29歲具有大學以上學歷者的青年而言，在2004年每月的收入還有35,062元，但7年後的今天反而降至33,498元。

　　台灣這7年物價漲了1成，房價狂漲逾倍，貸款負擔急速升高，惟有青年人的薪資每況愈下，放眼先進國家及台灣過往的經驗，薪資理應逐年提高才是，近年台灣如此令人洩氣的處境，實屬罕見。過去台灣雖曾發生停滯衰退、也有苦日子，但風暴過後，隨著景氣復甦薪資也會同步回升，兩相比較，今昔青年人的境遇有如天壤之別。

　　事實上，近7年台灣歷經了2次景氣循環，景氣有枯有榮，其間也曾出現兩位數的經濟成長，惟青年人的薪資依然不如昔日甚遠，由此可知，除非台灣產業能有一番銳意改革，附加價值率能因此提升，否則即令兩位數的經濟成長，恐怕也無助於青年人薪資的提升。

　　面對物價上揚，房價狂漲，薪資下滑的處境，今天的青年人如何唱得出「我的未來不是夢」？買了房子，一輩子得做屋奴，薪水入帳後半數得繳房貸，萬一失業，情況更加不妙。思前想後，於是不結婚的人愈來愈多，不生小孩的家庭也愈來愈多。

　　也許有人會問：經濟因素真的是青年人不結婚的主因嗎？持平而論，青年人不想結婚的原因相當多，包括價值觀的改變，對婚姻的

擔心都是可能的原因，但依2003年的社會發展趨勢調查，25％的年輕人認為「穩固的經濟基礎」是美滿婚姻的重要條件。再如2009年的婦女婚育調查也顯示，女性未婚的頭兩項原因是「尚未遇到適婚對象」及「經濟因素」，36％甚至認為「穩定工作及收入」是提升結婚的最重要因素。這些調查說明一件事，那就是近年薪資下滑、就業不穩及房價高漲，確實是影響結婚率的重要原因。

25～29歲青年所面對的環境

	大學以上就業者的收入	失業人數	失業率	台北市房價所得比	台北市購屋者貸款負擔率
2004年	35,062元	87,000人	5.69%	7.4倍	30.6%
2006年	34,346元	97,000人	5.92%	8.8倍	39.4%
2008年	33,105元	105,000人	6.38%	10.2倍	43.0%
2009年	31,542元	144,000人	8.77%	9.1倍	36.1%
2010年	32,558元	140,000人	8.15%	14.3倍	56.2%
2011年	33,498元	112,000人	7.11%	15.3倍	47.8%

資料來源：行政院主計總處

　　國內結婚率到底出現多大的降幅？依內政部統計，10年來結婚率已由千分之8降至千分之6，每年結婚的對數由17萬對降至14萬對，女性有偶比率也因此由53.1％下滑至45.0％，影響所及，台灣每年的出生人數大幅下滑，2010年生育率已名列全球最低。

　　當青年人唱不出「我的未來不是夢」時，表面影響的是結婚率、生育率，但如果把時間座標拉長10年、20年看這個問題，那就是一個嚴肅的國勢問題了。顯然，要避免10年、20年後台灣經濟力的式微，決策當局就必須正視今天青年人的薪資下滑，以及房價狂漲問題。

工商時報　2012/03/25

愈來愈早退休？

當各國都在修法延後退休年齡之際，近年多數國家的勞工反而有提前退離職場的現象。這也許是自願提前退休，但也可能是被迫退離，這與各國政府推動延後退休的目標，全然背道而馳。

自金融海嘯以來，各國為紓緩瀕臨破產的財政，紛紛改革退休制度，希臘將退休年齡由50歲延長至65歲，法國也將退休年齡由65歲延長至67歲，西班牙、義大利、葡萄牙也都推出類似的改革方案，希望藉此緩和退休年金給付的壓力。

然而，退休這件事並非政府部門可以全權主導的，政府可以要求人們必須多工作幾年再退休，但能不能多工作幾年，最終仍是由僱主決定的。近幾年包括義大利、加拿大、美國、英國、韓國及台灣的男性勞參率皆明顯下滑，中高齡族群的勞參率亦復如此，顯示人們非但沒有延後退休，反而提早退離了職場。

勞參率降 有礙經濟發展

在此要先解釋一下勞參率，勞參率是指有意願勞動者（包括有工作及找工作者）占15歲以上民間人口的比率，勞參率升高代表人們工作意願提高，而勞參率降低則代表退離職場而賦閒在家的人數增加。許多人一定會問：「這些人何以賦閒在家，而不去找工作？」

概而言之，有三種可能，一、家庭富裕，不急於找工作。二、提前退休領有月退俸，沒有找工作的壓力。三、因為中高齡遭資遣，長期找不到工作而賦閒在家。雖然這三類賦閒在家的原因各不相同，但同樣都會讓勞參率降低，而使得一國的生產活動落在少數人肩上，對經濟社會發展甚為不利。

統計顯示，韓國男性勞參率由2004年74.8％降至2010年的73.0％，同期間日本由73.4％降至71.6％，美國由73.3％降至71.2％，台灣也由67.8％降至66.5％。台灣男性勞參率相較各國已屬偏低，如今還年年下滑，其嚴重性顯然又更甚於其他國家了。

到底是什麼原因使得台灣男性勞參率降到這麼低的水準？我們觀察1996年至2011年各年齡組的勞參率可以發現，10多年來台灣男性勞參率降低正是源於中高齡這個族群，以50～54歲而言，15年來勞參率由88.7％降至82.7％，55～59歲這個年齡層更由80.1％跌至68.6％，60～64歲也由57.8％落至46.4％。

近年勞參率等相關指標

	男性勞參率			賦閒人口
	全體	50-54歲	55-59歲	60-64歲	
1996年	71.1%	88.7%	80.1%	57.8%	─
2001年	68.5%	83.4%	71.1%	52.0%	─
2006年	67.4%	83.4%	68.0%	46.9%	52.2萬人
2011年	66.7%	82.7%	68.6%	46.4%	73.6萬人

資料來源：主計總處

快樂退休還是無奈退離？

這說明10多年來台灣中高齡這個族群退出職場者急速成長，我們再看主計處另一份賦閒人口的估計，結果發現近年國內賦閒人口非僅成長快速，並且逾9成屬45～64歲者，兩份資料同時證實一件事，那就是愈來愈多中高齡者退離了勞動市場。

那麼，何以愈來愈多的中高齡者退離勞動市場？公務部門退休者愈來愈年輕（2010年公務人員平均退休年齡55歲、教育人員54歲、軍職人員44歲）當是原因之一；此外，愈來愈多受僱於民間企業的中高齡者在企業轉型整併中被迫退離，這恐怕是更重要的原因。

公部門的快樂退休與私部門的無奈退離，同樣促使台灣勞參率一路下滑，然究其本質一樂一苦兩者實有霄壤之別，為政者豈可不知。

工商時報　2012/04/29

註1：勞動參與率簡稱勞參率，這項指標是以勞動力人數除以15歲以上民間人口而得，用來衡量人們進入職場的意願，勞參率降低的嚴重性更甚於失業率的升高，可惜少有人注意。

註2：退出勞動市場，其原因有求學者、有照顧家庭者、有老邁者，也有賦閒者，退休而賦閒可以優遊歲月，但被資遣而賦閒卻颯颯難安，台灣2006年賦閒人口52萬，去年升至74萬。

而今聽雨僧廬下

「少年聽雨歌樓上，紅燭昏羅帳；壯年聽雨客舟中，江闊雲低，斷雁叫西風；而今聽雨僧廬下，鬢已星星也。悲歡離合總無情，一任階前，點滴到天明。」

這是南宋詞人蔣捷虞美人《聽雨》一詞，對少年的輕狂、壯年的奔忙、老年的凄涼寫得入木三分。這不但道出作者對少年時光的追憶，也流露出步入晚景的哀傷，詞裡的三階段同樣可以用來形容人類社會結構的變化。

聽雨一詞 道盡實情

以《聽雨》來觀察台灣社會，1960～1970年代，台灣處於少年時代，15歲以下的少年小孩占總人口約4成，那個年代台灣生活水準不如今天甚遠，但充滿勃勃的生氣，充滿歌聲與笑聲，這正是聽雨歌樓上的階段。

自1980～2000年，少年人口少了，壯年人口多了，15～64歲承擔家計的人口比率已升至70％，生之者眾，食之者寡，經濟因此快速成長，但昔日少年的歡笑少了，經濟成長的同時也多了競爭與些許的不安，這正好是聽雨客舟中的階段。

從2000年以後，由於65歲以上的老年人口快速增加，估計台灣將逐步進入高齡社會、超高齡社會，到2025年台灣老年人口所占比重已逾20％，走在街上每5個人就有一人「鬢已星星也」，台灣社會少了歡笑與奔忙，多了嘆息與哀傷，這可謂是聽雨僧廬下的階段。

最近台灣社會熙熙攘攘，忽然傳出勞保基金可能提前破產，忽然又傳出軍保、公保、退撫等退休基金也已四面楚歌，此外勞工退休金的寒酸對比軍公教退休金的優厚更吹皺了一池春水，然而這些忿怒、不平的陣陣聲響，其實只是台灣進入高齡社會的序曲，若不善加處理，未來恐怕更難收拾。

　　今天各國政府積極投入創新研發、自由貿易與經濟設計，惟這些經濟擴張的力量遠不及高齡化所衍生的緊縮力量。各國政府可以選擇自由或管制，升值或貶值，加稅或減稅，但唯一無法選擇的是高齡社會的到來，因為人們平均壽命比起半世紀前整整多了15歲，並且還會逐年延長，如今台、韓、德、英、美的女性平均壽命已逾80歲，男性也超過76歲，估計到2060年女性可接近90歲。

主要國家老年人口比重

	台灣	日本	南韓	美國	英國	義大利
2010年	10.7%	23.2%	11.0%	13.0%	16.5%	20.2%
2025年	20.0%	30.3%	19.9%	18.1%	19.7%	23.5%
2040年	30.1%	36.1%	32.3%	20.4%	23.2%	29.8%

資料來源：經建會

台灣人口推計情況

	總人口數	老年人口比重	扶老比
2012年	23,318	11.2%	15.0%
2018年	23,569	14.6%高齡社會	20.1%
2025年	23,656	20.0%超高齡社會	29.6%
2040年	22,712	30.1%	51.2%
2050年	21,006	36.5%	67.6%
2060年	18,918	39.4%	77.7%

註：老年人口係65歲以上，扶老比是指65歲以上人口占15-64歲人口比重。

資料來源：經建會　單位：千人

超高齡社會 問題重重

也正因為如此，在2040年的地球上，大概有3分之1是老人，不只台灣處處可見老人，日本、南韓、歐洲、美國亦然。人類可以扭轉產業、扭轉政治，讓專制走向民主，讓野蠻走向文明，但卻無法阻止人類邁入超高齡社會，而這樣社會所可能引發的家庭、糧食、經濟、醫療、財政等問題，也都是前所未見，可能也是身處今日的我們，難以想像的。

直到如今，人類社會一直處於非常年輕的階段，有歌樓聽雨的歡樂、有舟中聽雨的壯闊、來日如何度過僧盧聽雨的蕭索，未可知也，這一天不會很快來，但必定會來。

工商時報　2012/11/18

註1：當一國65歲以上的老年人口比重超過7%，代表這個國家已進入高齡化社會，升至14%代表進入高齡社會，若進一步升至20%，則代表進入超高齡社會。

註2：台灣於1993年老年人口比重7.1%，進入「高齡化社會」，今年升至11.2%，推計2018年將升至14.6%邁入「高齡社會」，2025年更將升至20.0%成為「超高齡社會」。

第Ⅱ篇

古人談經濟

范仲淹，也懂得擴大內需

最近行政院又提出了總額達1,144億元的擴大內需方案，每次提到擴大內需一詞，大家一定會想到英國經濟學家凱因斯，凱因斯於1930年代初期發表一篇《致繁榮之道》的文章，強調面對景氣蕭條，無為而治是不可能讓景氣復甦的，惟有政府主動擴大建設、消費，才能提振景氣。

但問題來了，在經濟蕭條的時候，政府沒有稅收，根本沒有錢，如何進行建設？凱因斯認為可以透過舉債，以預算赤字來進行相關建設，由於工程建設須僱用龐大人力，這些就業者領了薪水後會去消費，消費又可帶動商業活動，有了商業活動即可帶來稅收，如此循環不已，使得政府每支出1元，即可創造1.5元的總需求，凱因斯據此推計，當時英國的投資乘數至少是1.5倍。

羅斯福新政 實現凱因斯主張

凱因斯估計，政府每支出300萬英鎊的投資支出，將可創造450萬英鎊的國民所得，若以稅率10％計算，政府可增加45萬英鎊的稅收，這些稅收又可用來改善財政失衡的情況，凱因斯的主張隨後在美國總統羅斯福的新政中獲得實現，而新政中又以田納西河流域綜合改造計畫（TVA）最富盛名，擴大內需方案終於讓美國走出了蕭條的困境。

莫論一般人一時之間難以理解凱因斯這套論述，就連當時許多經濟學家也不免困惑，這些人認為社會已這麼窮了，理應節儉才是，怎麼還要舉債建設？惟這種想法顯然是把個人節儉的美德，錯誤地類比至總體經濟行為上，凱因斯透過投資乘數的解釋，使得原本被認為應

該無為而治的政府,又可以在市場失靈時,扮演重要的角色。

不過,值得注意的是,凱因斯並非提出擴大內需的第一人,西元1050年在中國浙江省碰上荒年,當時出任杭州太守的范仲淹知道杭州人喜歡划船,於是天天領著百姓飲宴於西湖,又在杭州大興土木,每天僱用民工千人改建破舊的官舍、糧倉,范仲淹這套作法既提振民間消費,又帶動民間投資,正是標準的擴大內需方案。果然,杭州商業活動活絡了起來,當兩浙還在蕭條的處境裡,杭州已走向繁榮。

這段歷史詳載於沈括的《夢溪筆談》第11卷,當年同樣有許多同僚以「嬉游不節、傷耗民力」彈劾這位太守,但事實勝於雄辯,杭州的繁榮讓京官們無話可說,後來這套擴大內需遂成為宋朝因應荒年的典範。

范仲淹把這套做法稱為「發有餘之財」,也就是藉政府的保證,把經濟社會僅有的資財拿出來盡情地消費、投資,以啟動經濟成長的引擎,范仲淹自敘這套擴大內需的政策邏輯:「發有餘之財,以惠貧者,貿易飲食、工技服力之人,仰食於公私者日無慮數萬人,荒政之施莫此為大!」

范仲淹發有餘之財 啟動經濟成長引擎

這樣看來,世界上第一個擴大內需的開發案並不是發生在美國的田納西河谷,而是發生在杭州西湖,遙隔900年范仲淹與凱因斯英雄所見略同,而不論是在西湖或在田納西河谷,都證實了擴大內需是提振景氣的好方法。

擴大內需的政策確有獨到之處,但卻不宜年年用,並且所有計畫都要像西湖邊的建築、田納西河谷的規劃,讓這些建設能成為日後經濟發展的助力,如此一來,建設當期於景氣復甦有益,建設完成後轉為資產也於下一期的經濟成長有用,這才是擴大內需的本意。

但遺憾的是,近20多年來,政府每每以提振景氣之名舉債建設,惟各級政府向來無長期發展規劃,數百億倉卒到手,心雖竊喜,眼卻茫然,於是辦音樂會、蓋焚化爐、建停車場、設文化館、甚至買電腦、印書本等計畫無奇不有,計畫既乏成本效益評估,終致蚊子館到處林立,迄今閒置公共設施(即蚊子館)的造價總額竟已高逾百億元,主事者午夜夢迴,豈能無愧?

　　台灣近年來擴大內需方案不少，過去6年已編列4,500億元，甫運作數天的行政院上周又提出1,144億元的方案，其中補助地方建設即接近600億元，令人難以置信的是，中央竟然要求地方以不到3天的時間呈報建設計畫，以3天之短呈報600億之鉅的計畫，錯謬必多，浪費必多，荒唐荒謬莫此為甚，擴大內需變調至此，令人浩嘆，這大概也是當年范仲淹、凱因斯所沒料想到的吧！

工商時報　2008/05/25

最會籌錢的財長
桑弘羊當之無愧

　　行政院為執行擴大內需方案，近日忙著追加預算以籌足1,160億元，這次擴大內需雖號稱無須舉債，但近半數資金仍得仰賴釋股收入，近年台灣毫無財政騰餘可供緊急調撥運用，動輒發債、動輒釋股，政府資產日漸枯竭，顯見長期而言，若不進行一次徹底的稅制改革，台灣的財政將會永遠寅支卯糧，不可能獲得改善。

　　談起籌措財源，這個工作在今天稱為財政，為首者稱為財長，史記裡司馬遷稱這些為政府籌錢者為「興利之臣」，但蘇軾、司馬光、歐陽修卻以斗筲之才、穿窬之智揶揄消遣，這些文人多半是受傳統儒家「子罕言利」的影響，認為好的政府應該儉僕節約，不應與民爭利，但也正是因為像司馬光這樣的大人物長期不正視財政問題，不屑談財政問題，遂使得中國財政無經常之法，從而稅吏橫行，貪墨成風，終致民不聊生。

縮減富人荷包，讓枯竭的國庫重獲甘霖，
改善所得差距。

　　相對於蘇軾、司馬光的貶抑，司馬遷則有不同的見解，他在史記《平準書》裡稱讚桑弘羊讓漢帝國「民不益賦而天下用饒」，那麼桑弘羊何以能不增加一般老百姓的田賦、丁稅負擔，卻又可以支應漢武帝30多年北伐匈奴的軍費呢？

　　從史記、鹽鐵論的記載可以發現桑弘羊首先採擴大稅基，將課稅的對象由農業轉向商業，對商人的資本與貨物開徵新稅，並將鹽、鐵、酒的專賣權收歸國有，除此以外有錢人可以花錢買爵位，桑弘羊深深了解國家的財富不在可憐的農民身上，而在掌握鹽、鐵開礦權的

富豪權貴身上，因此財政政策即針對最有錢的人，以爵位利誘，以收回專賣權威逼，不僅讓枯竭的國庫重獲甘霖，也改善了所得差距，在軍費無虞下，遂使得漢武帝取得軍事上的重大勝利。

「但使龍城飛將在，不教胡馬度陰山」、「借問大將誰，恐是霍驃姚」歌頌的正是這些北伐匈奴的名將，然而若非財政大臣桑弘羊籌足軍餉，任憑李廣、霍去病、衛青再厲害，恐怕也難以馳騁漠北，建功立業。

史記敘述桑弘羊任財長時國庫豐盈的情況：「一歲之中，太倉、甘泉倉滿，邊餘穀諸物均輸帛五百萬匹，民不益賦而天下用饒。」

歷史上不是每個朝代都有桑弘羊這樣的能臣，許多王朝除了橫徵暴斂，別無他法，終致民怨沸騰，赤地千里。「富國強兵20年，築怨興徭九千里」寫的就是秦朝禍起蕭牆的原因。明崇禎在位時，強敵環伺，為籌軍費，在田賦上加徵新餉、助餉、剿餉、練餉，稅上加稅，全課到窮困的農民頭上，高官富人分毫未損，有人看出這個危機上疏指陳：「餉加而田日荒，急徵而民益困，是驅民以為賊也，又何平賊之有？」但一切都遲了，明朝旋即滅於民怨。

釋股籌錢方式恐有舉債之實，
無異置國家財政於更大困局中。

其實不只秦、漢、明面臨財政短絀的問題，二戰期間英國政府同樣為籌不到錢而苦惱，經濟學家凱因斯於1940年發表《如何籌措戰費》一文，這本小冊子建議英國政府透過強制儲蓄來籌措財源，在凱因斯的構想裡，一般民眾除了原來應納的稅不變外，另一部分則以儲蓄的名義直接撥入郵儲，於戰後計息還給民眾。

凱因斯所設計的強制儲蓄同樣也採累進加徵，也就是所得愈高者適用愈高的儲蓄率，如此以強迫富人對戰費做出更大的貢獻，這套作法既不增加民眾的稅率負擔，又無須價格管制即可避免通膨，凱因斯自認是一石多鳥的妙方，但結果仍遭到各方的抗議，英國財政部最終否決了凱因斯的建議，財政問題的難解，於此可見。

從上述歷史看來，如何在國庫空虛的環境下籌錢是門大學問，桑弘羊與凱因斯因應自己的年代，提出的方案實有異曲同工之妙，只是歷代以來在財政領域有此智慧者並不多，這些食民脂民膏的大員或懼

於民怨，或媚於權貴，或疏於研究，所推出來的財政手段因循苟且，反而使社會更趨混亂，正義日趨蕩然。

台灣近年財政壓力不小，迄今依國際公債定義，政府未償債務已逾5兆元，如果把潛在負債計入則更逾10兆元，馬總統上任後非但未立即檢討財政困境，旋又規劃逾千億元的擴大內需方案，擬以釋出中華電信股票籌措528億元支應半數需求，此一籌錢的方式雖無舉債之名，卻有舉債之實，無異置國家財政於更大的困局中。

近日內閣為兌現馬總統的承諾，忽而補貼地方、忽而補貼油品、忽而補貼貸息、忽而補貼生育，該收的資本利得稅迄今仍不敢收，該落日的促產條例依然不敢令其完全落日，如此財政，求其無危，不可得也。

工商時報　2008/06/01

市場機制啟蒙，
司馬遷或許第一人

近年國內每逢經濟出現問題，學者及官員最常說的一句話就是：
「尊重市場」。所謂尊重市場就是政府減少干預，放手讓市場競爭來
創造最適的資源分配、與最大的社會利益。

市場運行宛如水往低處流的道理，
創造社會最大利益，無須政府干預。

談起市場，每個人都忘不了18世紀亞當斯密在《國富論》所提
及的那隻看不見的手。《國富論》這本巨著，研究的問題極其廣泛，
從地租、資本、貿易、租稅、公債到維持元首尊嚴樣樣都談，洋洋灑
灑逾百萬言，今天人人琅琅上口的「那隻看不見的手」其實僅見於第
四篇第二章的一小段文字。

亞當斯密是這麼說的：「每個人努力為自己的資本尋找最有利的
用法，創造最大的價值，其用意僅在尋求自己的利得，但就像在其他
場合一樣，他們為一隻看不見的手所引導，促進了一個他們毫不意圖
的目的，最終有效地促進了社會利益。」

亞當斯密所以用「看不見的手」來形容，是因為當時英國政府慣
於用「看得見的手」來管制進口、引導資本，而在亞當斯密看來，看
得見的手是遠遠不如那隻看不見的手。

亞當斯密是發現市場機制的第一人嗎？恐怕不是，早在2000年
前《史記》貨殖列傳已提出同樣的概念，《史記》的作者司馬遷指
出，當每個人竭力追求自己的最大利益時，同時也創造了經濟的繁
榮，山西的玉石、山東的魚鹽、江南的柟木、西北的牛馬、深山裡的
銅鐵，所以能自千里之外被送到城市交易，並非君王的安排，而是源

於每個人追求自己的最大利益。

司馬遷說：「農而食之、虞而出之、工而成之、商而通之，此寧有政教發徵期會哉？人各任其能，竭其力，以得所欲，故物賤之徵貴，貴之徵賤，各勸其業、樂其事，若水之趨下，日夜無休時，不召而自來，不求而民出之，豈非道之所符，而自然之驗耶？」意思是說，當每個人追求自己利益時，市場供過於求則價跌，供不應求則價漲，價格的升降不但調控了供需，也讓社會資源得到最適分配，市場的運行宛如水往低處流的道理一樣，不召而自來，完美地創造了社會的最大利益，無須政府干預。

司馬遷遍遊大江南北考察各地經濟得失，所寫文章多了幾分科學的驗證，少了幾分儒者的顢頇，有感於漢初抑商風氣盛行，遂主張政府應減少管制，他寫道：「天下熙熙，皆為利來，天下壤壤，皆為利往，人富而仁義附焉。由是觀之，富無經業，貨無常主，能者輻湊，不肖者瓦解。」近代所謂創造性毀滅的市場法則，司馬遷早在2000年前即已心領神會。

亞當斯密的「一隻看不見的手」與司馬遷的「若水之趨下」都是對市場力量極致的描述，惟「若水之趨下，不召而自來」這個思維更把市場引力推升至物理學裡萬有引力的地位。雖然今天談到市場經濟，幾乎沒有人會記起司馬遷的貢獻，但司馬遷發現市場法則的時間整整比亞當斯密早了1800多年，他對經濟活動入微的觀察，深刻的體驗，絲毫不遜於近代古典經濟學家。

高科技業利潤率落後傳產，
應慎重考慮讓《促產條例》落日。

遺憾的是，司馬遷、亞當斯密雖高聲倡議自由經濟的思維，但幾百年來各國政府仍不願放棄主導市場的權柄，台灣20年前為發展汽車產業，政府斥資開發共同引擎、為協助遭反傾銷稅課徵的電視產業更力促廠商共同開發彩視基座，但皆以失敗收場。近年來猶想以《促進產業升級條例》來引導產業發展，其中成功者固然有之，但15年來耗費6,500億元的國庫補貼，所創造的高科技產業，其核心技術迄今仍仰人鼻息，利潤率微薄到連傳統產業都不如，依最新工商普查結果，高科技產業2006年的利潤率7.7％，落後於傳統產業的7.8％，顯

見15年來政府所主導的產業政策並不高明，若當初放任市場競爭，也許今天早已呈現一番新氣象。

　　《促產條例》即將於明年底落日，但政府還想以《產業三法》主導產業發展，台積電董事長張忠謀日前公開表示《促產條例》必須完全落日，不可局部復活，這個遠見當可媲美司馬遷與亞當斯密兩人。其實以台灣今天的經濟成熟度，政府只要改善投資環境、提供更透明的資訊即可，至於在這片草場上究竟會長出什麼產業？恐怕還是讓市場來決定比較好。

工商時報　2008/06/08

外部性財政理論
黃宗羲古有明示

市場「那一隻看不見的手」能否全然解決所有經濟問題？如果可以，那麼各國政府理應無為而治才是，但事實上市場並不完美，為讓市場維持公平與效率，政府還是得扮演一定的角色才行。1946年著名的英國經濟學家皮古（A.C.Pigou）提出外部性（externality）的論述，為政府介入市場找到了新的理論基礎。

自利心衍生的外部損失 還得政府介入裁以重稅

要了解外部性這個概念，得回溯國富論這本書，古典經濟學家總認為當每個人追求自己的最大利益時，在那一隻看不見的手的引導下，恰可創造社會的最大利益。大體而言，這一論述是對的，但市場活動頻繁，彼此追求自身利益時難免發生衝突。例如：工廠把廢水排入河道創造了自己的利益卻讓漁民無魚可捕，車行修車噪音四散創造了自己的利益卻讓鄰居頭痛不已，攤販路邊叫賣創造了自己的利益卻使都市凌亂失序，石化廠漫天的廢氣創造了自己的利益，卻釀成今日地球暖化的空前浩劫。

由此看來，每個人追求自己最大利益的同時也創造了許多公害，這些原本是企業該負擔的成本卻全丟給社會承擔。人類自利心所創造的副作用即皮古教授所稱的「外部性」，這個外部損失若不處理，必然導致社會衝突，環境惡化，終將難以創造社會的最大利益。外部汙染這個問題雖可藉由道德勸說加以改善，但效果有限，最終還得由政府介入，裁以重稅，讓外部成本內部化後才能奏效。

值得注意的是，每個人在創造自己最大利益時，還會碰到一些問題，例如過去基隆河經常在夏秋兩季氾濫成災，沿岸民眾苦不堪言，

雖然大家都知道如果於上游興建分洪道，即可紓解水患，但高達275億元的工程費，「市場那一隻看不見的手」根本難以促成這項公共建設，最後仍得由政府籌錢施工。

類似分洪道這樣的公共建設，其實是可以創造極可觀的「外部利益」，但如果沒有市場機制外的另一股力量介入規劃，路燈、公園、河堤、水庫、國防等建設將為之闕如，這將大大約束一國的經濟發展。

由此可知，解決外部性問題包括創造外部利益、降低外部損失這兩件事，而這大多是市場做不來的，都得仰賴政府設計機制加以匡正。

然而，皮古是提出外部性.（externality）理論的第一人嗎？恐怕不是，早在1670年明儒黃宗羲即已提出此一概念，黃宗羲在《明夷待訪錄》寫道：「有生之初，人各自私也，人各自利也，天下有公利而莫或興之，有公害莫或除之。有人者出，不以一己之利為利，使天下受其利，不以一己之害為害，而使天下釋其害，此其人之勤勞必千萬於天下之人。」

民脂民膏被政府揮霍 猶如敲剝天下骨髓之遺害

這段話指出，由於人們的自利心作祟，因此社會所衍生的公害，無人願出面調解，而所需要的公共建設，也無人聞問，為使天下同釋其害、同受其利，必須由超然的政府加以解決。黃宗羲這段論述與皮古的外部性理論不謀而合，而黃宗羲以不到80個字，從自利心談到外部性，短短數行即將古典經濟學說熔於一爐。

二戰後各國政府職能急速擴張，惟公部門在處理外部污染、建立外部利益的同時，卻衍生了嚴重的政府浪費的問題，為各方始料未及。這就是《明夷待訪錄》較西方學說高明之處，黃宗羲考察2000年的歷史興衰，發現原本扮演解決公害角色的政府，至終竟成了社會最大的公害，他形容政府所做的盡是：「以天下之利盡歸於己，以天下之害盡歸於人，敲剝天下之骨髓，離散天下之子女，以奉我一人之淫樂」，政府的貪婪與浪費，百姓的無辜與無奈躍然於紙。

近日1,160億元的擴大內需方案在國內吵得沸沸揚揚，從創造「外部利益」的觀點來看，政府進行建設確有必要，但何以會招來批

評呢？這是因為近年政府斥資興建的許多文化館、游泳池、體育館建完後即無人聞問，擺在那裡養蚊子，到去年底被行政院列管為完全閒置及半閒置者已高逾300億元，人民納稅的血汗錢被政府如此揮霍，黃宗羲所謂「敲剝天下之骨髓，離散天下之子女，以奉我一人之淫樂」迄今遺害猶存。

　　1930年代「市場失靈」使得政府有介入市場的正當理由，隨著戰後各國政府支出奢侈無度債台高築，經濟學家又發現「政府失靈」，黃宗羲雖未目睹近代西方經濟的起落，但其所言之於今日，也可說雖不中亦不遠矣！

工商時報　2008/06/15

文人墨客也懂經濟學
辛棄疾論紙幣領風騷

　　「千古江山，英雄無覓，孫仲謀處，舞榭歌台，風流總被雨打風吹去。斜陽草樹，尋常巷陌，人道寄奴曾住，想當年，金戈鐵馬，氣吞萬里如虎。」這是南宋詞人辛棄疾的懷古之作，悲壯沉郁，感慨蒼涼。

　　辛棄疾不但詞寫得好，能帶兵打仗，治理兩湖期間，深得百姓愛戴，對經濟活動的觀察也相當深入，對於12世紀流行於中國的紙幣，許多人引以為憂，但辛棄疾卻有不同的看法。

對紙幣的不信任，非僅12世紀的南宋如此，
歐洲亦復如是。

　　中國在12世紀用的紙鈔稱為「會子」，起初是由民間發行，後來由官方發行，通行於兩浙、兩淮、湖北、京西等地，但在那個年代，人們心中還是認為拿銀子比較踏實一些，加上政府沒有金融管理的概念，使得紙幣的流通受到極大的限制。

　　對於滿朝大臣群起議論紙幣的危害，辛棄疾力排眾議，1175年上書宋皇縱論使用紙幣的好處，他認為紙幣攜帶方便，可使商業活動運行更為順暢，和銅錢沒什麼兩樣，民眾所以不喜歡持有紙幣，是因為政府自己也輕視紙幣，如果政府向人民收稅時也倡議多使用紙幣，紙幣的信用即可建立。

　　辛棄疾寫道：「世俗徒見銅可貴而楮可賤，不知其寒不可衣、飢不可食、銅楮其實一也。」楮即是會子，也就是紙幣，從使用的價值來看，銀子與紙幣絲毫沒有什差別。

　　辛棄疾繼續論證：「今有人持見錢百千以市物貨，見錢有搬載之

勞，至於會子，捲藏提攜，不勞而運，百千之數亦無虧折，以是較之，豈不便於民哉？」見錢就是銀子，這段話把西方直到18世紀才領悟的道理，全講了出來。

對紙幣的不信任，非僅12世紀的南宋如此，歐洲也是如此，凱因斯所著的《貨幣論》評論近代歐洲歷史時指出，直到法國大革命之後，歐洲才出現紙幣，但直到18世紀的歐洲，人們還是喜歡有金銀成分的商品貨幣，這一時期的歐洲曾歷經多次紙幣信用的崩潰危機；同一時期的美國亦然，經濟學家蓋布烈斯（J. K. Galbraith）在《神秘的貨幣》一書中提及那個年代沒什麼比拿到紙幣更令人恐懼，連商人們都喜歡得到通用的硬幣。直到1844年英國訂定了特許法案，嚴格限制紙幣的發行量，挽回了民眾的信任，才使得紙幣的流通得以普及。

凱因斯的《貨幣論》承認中國是全世界最早普遍使用紙幣的國家，但顯然12世紀的中國並未好好建立貨幣管理的制度，從辛棄疾的文章可以發現，南宋政府發行紙幣供民眾交易使用，但收稅時卻要人民繳銀子，官方如此輕視紙幣，民間如何能信任紙幣？

中國在紙幣的運用與管理思維上雖領先西方，但並未落實深耕成經濟發展的資本。

辛棄疾提出解決方案就是限制紙幣的發行量，恢復紙幣的信用，鼓勵人民以紙幣繳稅，他寫道：「夫會子之所以輕者，良以印造之數多，而行使之地不廣，若使民間租賦並用七分會子，三分見錢輸納，許民間買賣田產價錢，悉以錢會中半，明載於契，僧道輸納免丁錢亦以錢會中半，如此會子之價勢必湧貴，會子豈不重哉？」意即繳稅時7成可用紙幣、民間買賣5成可用紙幣，以法律訂之，紙幣的價值即可被民眾充分的信任。

辛棄疾這篇《論會子》在1175年提出，不但指出紙幣對經濟活動的好處，也深入剖析紙幣難以流通的兩大原因，一是發行數量過大，一是未建立人民的信任。此一論述與英國1844年的特許法案限制紙幣發行量、建立紙幣信用的思維如出一轍，這不得不令人佩服辛棄疾的眼光，這篇給宋皇的奏疏比起英國頒布的特許法案早了669年。

　　雖然辛棄疾有此遠見，但南宋王朝偏安的心態既深，一切政務的荒弛，自然可以想像，也因此中國在紙幣的運用與管理思維上雖領先西方有669年，但是並未落實深耕成經濟發展的資本，反觀歐洲自1844年以後，紙幣與銀行的發展日趨健全，遂成為推動歐洲近代經濟的重要資本，中國由領先而落後，落後的原因不在於沒有能人或思想家，而在於政府官僚體系的僵化與顢頇。

　　這也難怪辛棄疾滿腔悲忿，悲涼地寫下：「可惜流年，憂愁風雨，樹猶如此，倩何人喚取，紅巾翠袖，搵英雄淚。」孤臣孽子的心情盡在不言中。

工商時報　2008/07/13

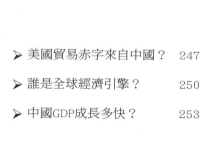

第15篇

大陸經貿

美國貿易赤字來自中國？

　　美國對貿易赤字有種說不出來的恐懼，20年前對日本的貿易赤字讓美國坐立難安，如今對中國的貿易赤字更如芒刺在背，然而這些貿易赤字真是中國貢獻的嗎？

　　我們查一下美國的海關統計可以發現，2009～2010年美國貿易赤字（入超）分別為5,036億美元、6,349億美元，其中2,268億美元、2,730億美元來自中國，也就是約有4成的赤字是來自中國。

　　看了這些數據，美國政府好像可以理直氣壯地指責中國享有太多的貿易順差，也可以毫無愧色地要求人民幣升值，但是我們在思考貿易與匯率的關聯性之前，必須先檢視一下今天全球貿易的內容是否和20年前一樣。

邏輯須隨貿易模式變

　　想想，過去消費品的生產、組裝到出口幾乎都在一國境內完成，但如今1項消費品的生產從原料、零組件、半成品到最後組裝出口已分屬許多個國家。我們若將全球貿易分為原料貿易、零組件貿易、半成品貿易及最終消費品貿易這4類，隨著全球化生產模式的普及，前3類貿易正急速成長，估計亞洲的內部貿易泰半屬於前3類，惟亞洲對美、歐的貿易則仍以第4類為主。

　　當全球貿易的內容已出現如此翻天覆地的改變，我們還能用傳統的海關統計來解釋貿易出超、匯率升值的邏輯嗎？還能憑海關統計就認定貿易赤字是來自哪一國嗎？恐怕不行。

　　我們以大陸為例，隨著全球半成品、原材料、零組件輸入中國大陸這個世界工廠組裝出口，2010年中國的出口總額已居世界第1，達

15,780億美元。從傳統的海關統計來看,這15,780億美元確屬中國的出口,但是如果從全球化分工的觀點來看的話,這15,780億美元則是由全球跨國生產鏈所創造,各國皆有所「貢獻」,中國的貢獻未必有比別人來得高。

2009年美國貿易出(入)超來源 －以iPhones為例

	中國	日本	韓國	德國	其他國家	合計
傳統的算法	-19.012	—	—	—		-19.012
以附加價值的算法	-0.735	-6.848	-2.594	-3.407	-5.428	-19.012

資料來源:WTO 　　　　　　　　　　　　　　　　　　單位:億美元

美國貿易赤字人人有份

世貿組織(WTO)曾研究2009年美、中兩國在iPhones這項產品的貿易情況,傳統的海關統計顯示,美國在這項產品出現19億美元的貿易赤字,這19億美元的貿易赤字全數歸在中國的名下,但如果把這19億美元還原到各階段加工所創造的附加價值(value added),則可以發現日、韓、德等國對美國貿易赤字的貢獻,更勝一籌,日本6.8億美元,德國3.4億美元,韓國2.6億美元,皆遠遠超過中國的0.7億美元。

由此可知,如果從「附加價值」的觀點來檢視全球貿易,美國把貿易赤字全數歸責於中國是不恰當,也是不合理的,隨著全球化生產的風行,如今傳統貿易統計在衡量雙邊貿易關係上,已然嚴重失真。

事實上,美國早已是全球化生產下的最大受益者,實在不應該再拿著一份過時的貿易統計自怨自艾,自以為是受害者,更不應該動不動就以貿易赤字為藉口強迫他國貨幣升值。

工商時報　2011/11/13

註1：附加價值（value added）係一國勞動、資本從事生產活動所創造的成果，這個成果最後會分配到勞動報酬、企業盈餘及政府稅收，附加價值愈高，經濟才能邁入良性循環。

註2：台灣2009年製造業生產總額（gross output）12.9兆元，扣掉原材料、水電等中間投入後的附加價值僅2.9兆元，真正對經濟民生有意義的是2.9兆元，而非12.9兆元

誰是全球經濟引擎？

1990年有人預言亞洲時代即將來臨，世界經濟會呈現北美、亞洲及歐洲三足鼎立的局面，這個預測對了一半，錯了一半。

如今亞洲的經濟實力確實高於昔日，預測者所言不假，但是亞洲經濟分量的提高並非如預測者所言是來自日本、四小龍及東協，而是來自中國大陸，這便是預測者誤判之處。

預測者之所以沒有看到中國的崛起，原因在於1990年甫發生六四天安門事件不久（天安門事件發生於1989年），因此對於大陸經濟走向自然看不準。

人們的預測總是過猶不及，隨著這些年中國經濟突飛猛進，於是許多人又認為中國經濟的崛起將可以和歐、美三足鼎立，並且認為「美國打噴嚏亞洲就會重感冒」的時代已經過去，還認為亞洲內部貿易足以支撐彼此的經濟，但這樣的看法顯然又過於樂觀。

我們看到中國的出口已超越美、歐，但我們忽略了中國、日本等亞洲國家的進口至今依然遠遠落後於美、歐，以2010年而言，歐盟及美國的進口即高達全球的3分之1，中國及日本合計進口僅占全球的6分之1。

顯然，美、歐的進口需求迄今依舊是居世界之冠，這代表直到如今全球經濟成長的引擎仍在美、歐。中國大陸雖漸有迎頭趕上之勢，但是由於所得、消費皆遠不如美、歐，因此所能創造的需求仍遠較美、歐為低。

這些年大陸的GDP雖快速成長，但是民間消費占GDP比重仍不到5成，而美國卻占7成，再以消費的絕對金額比較，美國在2009年的民間消費高達10兆美元，是大陸的4倍，歐盟僅德國的民間消費2.3

兆美元即與大陸平分秋色，由此可知，全球最大的需求動能仍在美、歐，而非亞洲。

　　因此只要美、歐經濟一趨緩，亞洲出口就不可能有好成績，亞洲出口一轉差，即或有內部貿易支撐，仍難力抗全球景氣走緩的大勢。

　　時下許多人認為亞洲、金磚國家的分量愈來愈重，這一點沒錯，但是還沒有到與美、歐分庭抗禮的地步，金磚四國如果排除中國，其實在全球經濟的分量也不高，俄羅斯、巴西及印度三國的進口占全球進口比率僅6.4％，雖較10年前倍增，但仍與美、歐有一段遙遠的距離。

主要國家進口占全球比重

	2010年	2008年	1999年
歐盟	16.5	18.3	18.8
美國	16.4	17.4	23.6
中國	11.6	9.1	3.7
日本	5.8	6.1	6.9
合計	50.3	50.9	53.0

資料來源：WTO　　　　　　　　　　單位：％

　　也許我們可以用產業關聯的概念來描述美、歐、亞的經濟關聯，美、歐由於所得水準高，消費能力強，是屬於「向後關聯係數」強的地區，容易帶動其他地區經濟成長，而亞洲及新興經濟體則屬於「向前關聯係數」強的地區，屬於容易被帶動的地區。

　　這10多年全球經濟的變化揭示了一個法則，成為生產大國易，升格為消費大國難，出口要超英趕美易，但進口要超越歐美難。

　　於此看來，如今全球經濟引擎仍在美歐，亞洲要晉升為引擎，恐怕還得等個10年。

工商時報　2011/07/10

註1：依世貿組織的統計，近10年美歐進口總額占全球進口比率由42%降
　　　至33%，雖然降低，但仍遠遠高於中國的11.6%、日本的5.8%及俄
　　　羅斯的2.1%、印度的2.7%、巴西的1.6%。
註2：美歐與亞洲進口內涵最大的不同之處是，美歐進口大多是消費財，
　　　而亞洲各國進口多屬原材物料以供生產之需，一旦美歐最終消費需
　　　求消失，亞洲貿易動能也就於焉不存。

中國GDP成長多快？

中國的GDP成長多快？許多人會不假思索地回答：「近年不都是以10％的速度成長嗎？」事實上，大家所熟悉的10％是GDP的實質成長率，並非GDP成長率。

一般而言，我們談GDP成長率指的是依當期價格所算得的成長率，又稱為「名目成長率」，但是在衡量一國經濟成長時，為避免物價的干擾，會採固定年度的價格來計算，如此算出來的成長率，簡稱為「實質成長率」。

簡單講，GDP的名目成長率代表的是「值」的變化，GDP實質成長率代表的是「量」的變化，因此我們印象裡中國10％的成長，是實質GDP的成長，也就是大家通稱的經濟成長率。

名目成長率冠全球

GDP的實質成長、名目成長，太容易誤會了，因此大陸官方發布時總會特別加註：「2010年GDP39兆7千多億人民幣係按現價計算，增長速度10.3％則是按不變價格計算。」大陸官方用語的「現價」就是我們講的當期價格，「不變價格」就是我們的固定價格。

大陸這些年來的經濟成長率約10％，那麼GDP的成長率（名目成長率）是多少？統計顯示，最高曾到達22.9％，多數期間都在15％到20％之間，這個成長率放眼全球，幾乎是絕無僅有。

那麼，這個兩位數的名目成長率代表何意？我們可以把GDP名目成長減掉GDP實質成長，如果為正，即GDP平減指數（deflator）上揚，代表一國的「附加價值的價格」升高，顯示產業價格競爭力提升。

大陸自從2001年加入世貿組織（WTO）以來，除了在金融海嘯的年代，平減指數皆有不小的增幅，以2003年～2010年這段期間而言，平均每年上揚5.6％，這也說明大陸經濟這些年除了有量的成長，由於產業不斷的升級，也明顯有值的提升。

近年中國大陸GDP變化

	GDP（億人民幣）	GDP名目成長率	GDP實質成長率
2001年	109,655	10.5%	8.3%
2002年	120,332	9.7%	9.1%
2003年	135,823	12.9%	10.0%
2004年	159,878	17.7%	10.1%
2005年	184,937	15.7%	11.3%
2006年	216,314	20.0%	12.7%
2007年	265,810	22.9%	14.2%
2008年	314,045	18.1%	9.6%
2009年	340,903	8.6%	9.2%
2010年	397,983	16.7%	10.3%

註：實質成長率（經濟成長率）　　　　　　資料來源：中國國家統計局

產業快速升級

大陸這10年來農業占GDP比率已由15.1％降至10.3％，服務業比率由39.0％升至43.4％，工業部門的比率雖沒有太大變化，但產業結構已明顯轉變，自2006年起為促進產業升級，大陸官方已不再准低水平、低附加價值的勞力密集產業進駐東部沿海的出口加工區。

大陸產業近年快速升級，使得大陸GDP在10年間由11兆升至近40兆人民幣，成長速度相當可觀。但不可諱言的是，引導大陸高成長的國內需求也同時帶動了物價上揚而使大陸近年陷於通膨的壓力，雖然GDP平減指數不是衡量通膨的指標，但也間接受到影響，可見強大的需求固有益於GDP成長，有益於產業競爭力，但也同時帶來通膨

的壓力，這是一體兩面的現象。

　　相較於中國GDP的快速成長，近年台灣的GDP名目成長率總是低於實質成長率，台灣的GDP平減指數自2001～2010年間只有兩年呈上揚，平均每年下滑0.9％，即使在通膨率高達3.53％的2008年，GDP平減指數依舊大跌2.96％，和大陸形成明顯的對比，這說明台灣多數產業需透過不斷降價才能獲得訂單，平減指數長期的下滑已是台灣經濟的一大隱憂。

工商時報　2011/07/24

註1：因為物價會變化，使得產值、所得、薪資及營收的成長需要從「名目」的觀點及「實質」的觀點分別探討，才能得知真相，區隔名目與實質是總體經濟非常重要的課題。

註2：總體經濟有關物價的指標不少，以消費者物價（CPI）衡量零售價格，以躉售物價（WPI）衡量批發價格，以GDP平減指數衡量GDP的價格，這些價格指數彼此相關，但目的各有不同。

國家圖書館出版品預行編目資料

巨變中的台灣經濟 II ／ 于國欽 著.
— 初版. — 臺北市：商訊文化，2013.04〔民102〕
面 ； 公分. — （商訊叢書系列YS00320）

ISBN：978-986-6378-97-3（第2冊 ； 平裝）
1.臺灣經濟 2.經濟發展
552.337 102004274

商訊文化

商訊叢書系列YS 00320

巨變中的台灣經濟 II

作 者／于國欽
出版總監／張慧玲
編製統籌／黃政雄
責任編輯／唐正陽
校 對／王克慶
封面設計／王紫宸
內頁設計／羅永元

出 版 者／商訊文化事業股份有限公司
董 事 長／李玉生
總 經 理／魯惠國
行銷主任／黃心儀
客服專員／洪美麗
地 址／台北市萬華區艋舺大道303號
發行專線／02-2308-7111#5722、5732
傳 真／02-2308-4608

總 經 銷／時報文化出版企業股份有限公司
地 址／桃園縣龜山鄉萬壽路二段351號
電 話／02-2306-6842
讀者服務專線／0800-231-705
時報悅讀網／http://www.readingtimes.com.tw
印 刷／宗祐印刷有限公司
出版日期／2013年4月 初版一刷
定價：250元